Mach's gut! 1

Schülerbuch

GWEN BERWICK
SYDNEY THORNE

MGP INTERNATIONAL

Mach's gut! 1

Pupil's Book
Teacher's Book
✱ Resource and Assessment File
● Resource and Assessment File
Cassette Pack (5)
Flashcards

Design: AMR Ltd, Bramley, Hants
Illustrations: Art Construction, Beehive Illustration, David Birdsall, Philip Burrows. C.J.B, Celia Hart, Harald Juch, Andy Peters, Shaun Williams.

The authors and publishers would like to thank the following people, without whose support we could not have created **Mach's gut! 1**:
Gabriele Reinsch for native speaker consultation;
Janet Lloyd for consultation at the planning stage;
Heather Rendall, Phil Horsfall and Steve Boyle for detailed advice throughout the writing;
Phil Horsfall and Keith Tomlins for creating and writing the assessment sections;
Heather Rendall for writing the ICT opportunities;
Harald Juch for interpreting and illustrating the picture story;
Gabi Reinsch, Wencke Sockolowsky and students of the Erich-Kästner-Gesamtschule for the handwriting;
Sarah Provan for editing the book;
The Deutsche Schule, London, and in particular Susan Avenell, for helping to provide speakers;
Andrew and Maja Thorne, Dahlenburg, for German realia.

The authors and publishers also acknowledge the following for permission to use photographs and published texts:
Cover photo: SOA Photo Agency
Bastion Hüllen for the photos on p. 16;
Action Images for the photos on p. 25 (6), 39 (right), p96 (top);
Klaus Lipa for the photo on p. 97 (bottom);
Deutsches Museum, Munich, for the photo on p.142 (bottom);
David Simson for the photos on pp. 24, 25 (3a, c, 4, 7), 28, 30, 38, 40 (excluding VW Passat), 42 (März, Juni, Dezember), 49 (three right-hand photos), 58, 59 (middle), 61 (left), 64 (top, middle), 76, 79, 80 (except dog), 83 (bottom three), 88, 91, 94 (top three), 97, 124, 136, 142 (middle two);
Andrew and Maja Thorne for the photos on pp. 64 (second, fourth and fifth from top), 93, 112, 121;
Treff-Schülermagazin (7/97) for the illustrations on pp. 130-131, © Velber Verlag GmbH.

Recorded at Gemini Studios, London by Stephan Grothgar, Gertrude Thoma, Jana Burbach, Carsten Guderian, Paula Heister, Felix Hermerschmidt, Sylke Hoenel, Christiaan van Marle; produced by Graham Williams.

First published by Mary Glasgow Publications 1998
ISBN 0 7487 3567 4
98 99 00 01 02 / 10 9 8 7 6 5 4 3 2 1

Mary Glasgow Publications
An imprint of Stanley Thornes (Publishers) Ltd
Ellenborough House, Wellington Street, Cheltenham GL50 1YW

A catalogue record for this book is available from the British Library

Printed and bound in Italy by STIGE, Turin

Inhaltsverzeichnis

Willkommen!
Welcome to Mach's gut!

Learning a language is an adventure. **Mach's gut!** will be your guide as you learn German.

In each unit, you'll follow the adventures of Thomas, Claudia, Markus, and Aylin, four friends from an Eco-group.

- To help you learn, there are activities to practise:

listening to German	speaking German
writing German	in pairs
reading German	in groups.

- Some activities are at two levels:
  ✱ activities are easier
  ● activities are more difficult.
  You may find that one level suits you better, but you don't have to stick to the same level for every activity. Just try your best!

- If you don't understand what you're being told to do, the list on page 175 will help you. And if you don't understand a German word, you can look it up on pages 159-171.

- Tips from the 'box of tricks', **Aus der Trick-Kiste**, help you understand, learn and use German.

Aus der Trick-Kiste
Wann ist rechts links?

- The **Grammatik** boxes explain German grammar – how to use the language to say what **you** want to say.

Grammatik: er, sie, es

Maskulinum	Femininum	Neutru
der Hund		

- Arrows show you when there are worksheets with more practice.

Blatt 1A ✱/ 1B ●

Enjoy working with **Mach's gut!**

Mach's gut!

All the best!

Gwen Berwick

Sydney Thorne

DEUTSCHLAND
HAMBURG
DIE ELBE
HANNOVER
BERLIN
KÖLN
BONN
LEIPZIG
DER RHEIN
FRANKFURT
NÜRNBERG
STUTTGART
DIE DONAU
MÜNCHEN
Rathaus
10 Limmer

LEKTION 1

Die Bio-Gruppe

A Hallo! Ich heiße Thomas

1 Hör zu. Wer spricht?

Beispiel: **1** Andreas.

11 = elf 12 = zwölf 13 = dreizehn 14 = vierzehn

a

b

c

d

hör zu = *listen* **wer spricht** = *who's speaking?* **Beispiel** = *example*

2 Hör zu. Wer ist freundlich ☺? Wer ist unfreundlich ☹?

Beispiel: **a** ☹

Blatt 1A ✱/ 1A ●

3 Macht Dialoge.

Karl Bonn 12	13 Anna Hamburg	Berlin 11 Christoph	Und du?

Beispiel:

A Wie heißt du? — Ich heiße Karl. **B**

A Wo wohnst du? — Ich ... **B**

A Wie ...? — Ich bin ... **B**

freundlich = *friendly* **macht Dialoge** = *make dialogues* **und du?** = *and you?*

B Der Wolf

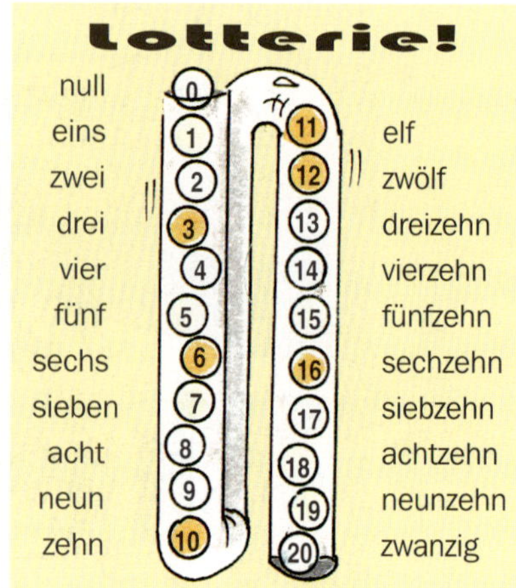

1 Welche Nummer gewinnt?

Beispiel: **1** (6)

1	12	15	6	**5**	12	13	5
2	4	19	17	**6**	2	18	9
3	20	11	8	**7**	13	3	0
4	16	1	10	**8**	10	7	17

2 Hör zu. Welche Nummer gewinnt? (1-8)

Beispiel: **1** 13

3 **a** Wie spricht man **z** aus?

 z = ts 

zehn, zwölf, zwanzig

b Sprich:
zehn, Pi**zz**a, vier**z**ig, **Z**ebra

c Hör zu. War es richtig?

hör zu = *listen* **wie spricht man z aus?** = *how do you say z?*
war es richtig? = *were you right?* **sprich** = *say*

4 **a** Sieh dir die Karte an.

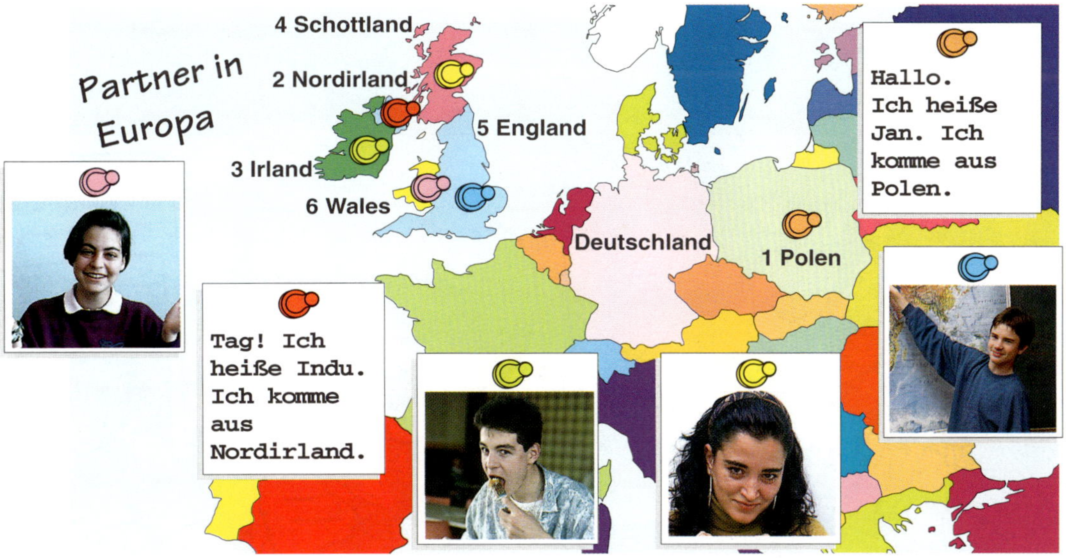

b Hör zu.

✷ Wie heißen die fünf Partner?

Beispiel: **1** Polen: Jan
2 Nordirland: Indu.
3 Irland: ...

● Wie heißen die fünf Partner? Und wie alt sind sie?

Beispiel: **1** Polen: Jan; 19 Jahre alt.
2 Nordirland: Indu; 12 Jahre alt.
3 Irland: ...;
...

Blatt 1B ✷/ 1B ●

5 **Partner-International**

Hallo Freunde!
Ich heiße Simone Bloch. Ich komme aus Schottland. Ich wohne in Glasgow. Ich bin vierzehn Jahre alt. Meine Adresse: ...

Was ist richtig: **a**, **b** oder **c**?

1 Simone ist **a** 12 **b** 13 **c** 14.

2 Simone: **a**

b

c

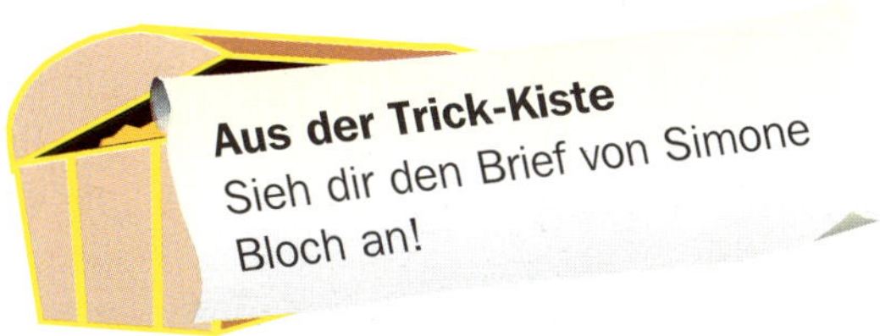

Aus der Trick-Kiste
Sieh dir den Brief von Simone Bloch an!

6 Schreib einen Brief an Partner-International.

sieh dir die Karte an = *look at the map* **Beispiel** = *example*
was ist richtig? = *what's right?* **schreib** = *write* **Brief** = *letter*

C Das Quiz in der Bio-Gruppe

1 Was passt zusammen?

2 Bring die Wörter in die richtige Reihenfolge.

3 Ist der Satz richtig oder falsch?

4 Sieh dir die Bilder an. Welches Bild passt nicht?

5 Lies den Brief.

6 Schreib deine Antwort auf ein Blatt Papier.

1 Wie heißt es auf Deutsch?
Beispiel: **1** Lies den Brief.

> ⚠ *In German, all nouns have capital letters.*
> *Beispiel:* Brief, Papier, Antwort, Jahre

1 Read the letter.
2 Look at the pictures. Which picture doesn't fit?
3 Is the sentence true or false?
4 Put the words in the right order
5 Write your answer on a piece of paper
6 What goes together?

2 Wie heißt es auf Englisch? *Beispiel:* **1** Write.

1 Schreib
2 Lies
3 Brief
4 Sieh dir .... an
5 die Bilder
6 der Satz
7 ein Blatt Papier
8 die Reihenfolge
9 die Wörter
10 deine Antwort

3 Du hörst die Sätze zu den Bildern 1-6. In welcher Reihenfolge hörst du die Sätze?

Beispiel: **1** Bild 1

wie heißt es? = *how do you say that?* **Beispiel** = *example*

Die Buchstaben (A, B, C ...)

Aa Bb Cc Dd Ee Ff Gg
Hh Ii Jj Kk Ll Mm
Nn Oo Pp Qq Rr Ss Tt
Uu Vv Ww Xx Yy Zz

ß ß: man sagt 'ess-tset' (S Z)

4 Hör zu. Sprich nach.

Du hörst:  (a b c) Du sagst:  (a b c)

5 Der Alphabet

a Hör zu.
b Sing mit!

6 Englische Namen.

A Ich heiße Hugh.

B Wie schreibt man das?

A H-U-G-H

1 Hugh	**3** Emily	**5** Kevin
2 Julia	**4** Lawrence	**6** Tracy

7 Wie spricht man **w** aus?

 w = v 

a Hör zu: Wo wohnst du? zweiundzwanzig Wie heißt du?

b Sprich: **1** Auf Wiedersehen **2** Winter **3** im Westen **4** ein Western

c Hör zu. War es richtig?

Blatt 1C ✱/ 1C ●

8 Du hörst sechs Namen.
Schreib die Namen in dein Heft.

Beispiel: 

Buchstaben = *letters of the alphabet* **hör zu** = *listen* **sprich nach** = *repeat (say it after)*
war es richtig? = *were you right?* **Heft** = *exercise book*
wie spricht man *w* aus? = *how do you say **w**?*

SPEZIAL!

Das große Tier-Quiz

1 Mach das Quiz. Schreib die Antworten in dein Heft.

1 Hör zu. In welcher Reihenfolge hörst du **a-d**?

Beispiel: 1 **c**

a

c

b

d

2 Bring die Bilder in die richtige Reihenfolge.

A

B

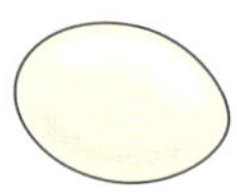

C

Beispiel: B, A, C

a A

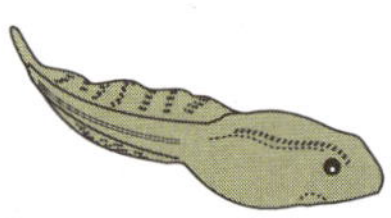

B

C

b A

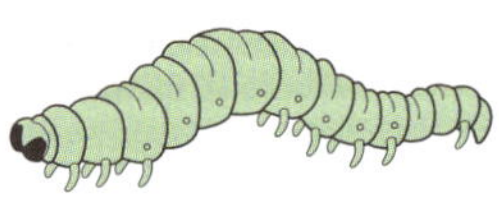

B

C

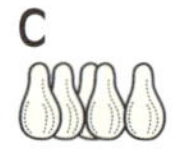

D

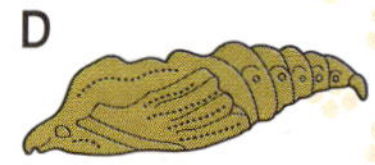

3 Was passt zusammen?

Beispiel: der Jaguar – Südamerika

der Jaguar

der Pinguin

China

Südamerika

der Panda

Australien

Neuseeland

das Känguru

der Kiwi

Antarktis

Tier = *animal* **Heft** = *exercise book*

4 Rekorde. Richtig oder falsch?

a die älteste Ratte  10 Jahre alt

b die älteste Maus  6 Jahre alt

c das älteste Kaninchen  18 Jahre alt

d der älteste Hund  42 Jahre alt

e die älteste Katze  34 Jahre alt

f das älteste Pferd  62 Jahre alt

5 Schreib die Wörter richtig. Bring die Buchstaben in die richtige Reihenfolge.
TELENAF *Beispiel:* Elefant

a RABEZ

b GREIT

c LALIGOR

6 Tier-Familien. Welches Wort passt hier nicht?

Beispiel: **a** der Gorilla

a	**1** der Hund	**2** der Wolf	**3** der Dingo	**4** der Gorilla
b	**1** der Tiger	**2** der Leopard	**3** der Panda	**4** die Katze
c	**1** die Giraffe	**2** der Yak	**3** der Bulle	**4** der Bison

2 Hör zu. Du hörst die Antworten von Thomas und Aylin – und die richtigen Antworten. Sind alle deine Antworten richtig?

Buchstaben = *letters of the alphabet*

D Hier ist Markus

Was ist richtig? Aylin findet ... **(a)** das Quiz war gut **(b)** das Quiz war nicht gut.

1 Was passt zusammen?
Beispiel: **a** Gut, danke.

a ☺

b ☹

c ?

d 

e 

Wie geht's?
Tschüs
Ach, es geht.
Hier ist Karl.
Gut, danke.

2 Wie geht's: ☺ oder ☹? (1-6)
Beispiel: **1** ☹

3 Welcher Buchstabe fehlt?

Beispiel: Ach, es ge_t. **A** h — Richtig. Ach, es geht. **B**

1 Ach, es ge_t.
2 Gut, dan_e. Und dir?
3 H_er ist Markus.
4 Tsc_üs.
5 Hallo, Aylin. Wi_ geht's?
6 Ich hei_e Thomas.
7 Bis Donnerst_g.
8 Auf Wi_dersehen.

Buchstabe = *letter of the alphabet* **fehlt** = *is missing*

4 Wie spricht man **ei** und **ie** aus?

ie = b**ee**

a Hör zu:
v**ie**r, s**ie**ben, auf W**ie**dersehen, w**ie** geht's?

ei = dr**y**

b Sprich nach:
zw**ei**, dr**ei**, ich h**ei**ße, schr**ei**b

c Sieh dir den Kalender an.
Wie spricht man **Dienstag** und **Freitag** aus?
Hör zu. War es richtig?

d Schreib zwei Listen.
(Tip: Sieh dir Seiten 3-11 an.)

ie	ei
vier sieh ...	Freitag ...

der Eiger, Schweiz

	August				
Montag		6	13	20	27
Dienstag		7	14	21	28
Mittwoch	1	8	15	22	29
Donnerstag	2	9	16	23	30
Freitag	3	10	17	24	31
Samstag	4	11	18	25	
Sonntag	5	12	19	26	

Blatt 1D ✱/ 1D ●

5 Macht Dialoge.

✱ Hier ist ... ✱ Wie geht's ...? ✱ Gut, danke. Und dir?/Ach, es geht. ...	● Wie geht's? ● Woher kommst du? ● Wo wohnst du? ● Wie schreibt man das? ...

wie spricht man ei **und** ie **aus?** = *how do you say* ***ei*** *and* ***ie****?* **sprich nach** = *repeat (say it after)*
war es richtig? = *were you right?* **Listen** = *lists* **Seiten** = *pages*

SPEZIAL!

Deutschland

1 Sprich: L**ei**pzig, Gi**e**ßen, K**ie**l, Fr**ei**burg, W**ie**sbaden, W**ei**mar, der Rh**ei**n?
Hör zu. War es richtig?

2 Woher kommen diese Autos? Sieh dir die Karte von Deutschland an!
Beispiel: **a** Das Auto kommt aus Berlin.
(B = Berlin)

a 

b 

c 

d 

e 

f 

3 Wie schreibt man das?

A Wie schreibt man 'Kiel'? K-I-E-L. **B**

sprich = *say* **war es richtig?** = *were you right*

Spaß mit Wörtern!

1

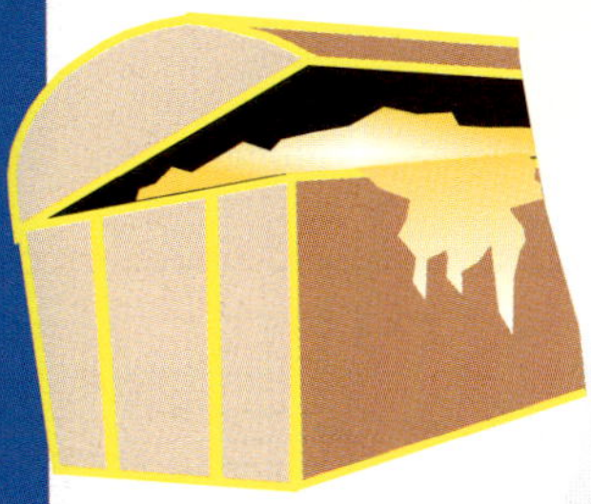

Aus der Trick-Kiste

So kannst du Wörter lernen:

- Schreib einen Satz auf ein Blatt Papier. Ein Buchstabe fehlt.
- Dein Partner/deine Partnerin schreibt den Satz richtig.
- Dein Partner/deine Partnerin schreibt einen Satz für dich. Ein Buchstabe fehlt, etc.

Ich hei_e Sarah.

Ich heiße Sarah.

2 **Quiz.** Sieh dir die Bilder an. Schreib die Namen von fünf Tagen.
Beispiel: **1** Montag

1 der Mond

2 die Mitte der Woche

3 der Donner

4 Freya

5 die Sonne

3 Schreib die Sätze richtig in dein Heft.
Beispiel: **1** Wie alt bist du? Ich bin dreizehn Jahre alt.

1 Wiealtbistdu?ichbindreizehnjahrealt.
2 Wowohnstdu?ichwohneinberlin.
3 Wiegeht's?dankegut.
4 Aufwiedersehenaylin.
5 Woherkommstdu? ichkommeausirland.
6 Wieschreibtmandas?
7 Tschüsthomasbissamstag.
8 Wieheißtdu?ichheißemarkus.

4 Was passt hier nicht?
Beispiel: **1** ein Bild

1 Schreib	die Wörter einen Brief ein Bild einen Satz	in dein Heft.
2 Sieh dir	die Bilder Seiten 6-11 die Antwort die Jahre	an.
3 Was ist	die richtige Reihenfolge? falsch? das Heft? die richtige Antwort?	
4 Ich bin	zwanzig vierzig achtzig richtig vierzehn zwölf zwanzig neunzig	Jahre alt.

Aus der Trick-Kiste

Verstehst du ein Wort nicht?
Schau ins Glossar!
(Seiten 159–173)

so kannst du Wörter lernen = *this is how you can learn words* **fehlt** = *is missing*
verstehst du... nicht? = *do you not understand?* **schau ins Glossar** = *look in the glossary*

LEKTION 2

Die Schule

A Englisch ist in Zimmer 45

Am Montag: was ist richtig: **a** oder **b**?

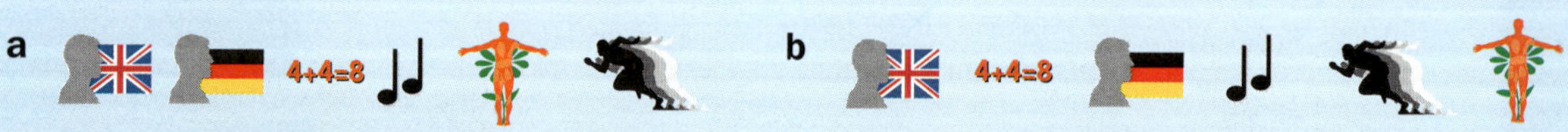

1 Wie spricht man **eu** aus?

a eu = boy Hör zu: n**eu**n, D**eu**tsch, n**eu**, h**eu**te

b Sprich: n**eu**nzehn F**eu**er Fr**eu**nde Fr**eu**nd Fr**eu**ndin

c Hör zu. War es richtig?

was ist richtig? = *what is right?*

20	zwanzig
21	einundzwanzig
22	zweiundzwanzig
23	dreiundzwanzig
30	dreißig
34	vierunddreißig
40	vierzig
45	fünfundvierzig
50	fünfzig
56	sechsundfünfzig
60	sechzig
67	siebenundsechzig
70	siebzig
78	achtundsiebzig
80	achtzig
89	neunundachtzig
90	neunzig
100	hundert
101	hunderteins

2 **a** Wie alt?

Beispiel: Ich bin 71 Jahre alt.

1	einundsiebzig	**4**	sechsundvierzig
2	vierundachtzig	**5**	neunundzwanzig
3	zweiunddreißig	**6**	fünfundsechzig

b Hör zu. Beethovenstraße Nummer ?

Beispiel: 86

c Schreib die Wörter:

Beispiel: 35 – fünfunddreißig

35 **28** **61** **49** **92** **74** **56** **83**

Blatt 2A ✷/ 2A ●

3 Mathe auf Deutsch!

✷ *Beispiel:*

● *Beispiel:*

B Geografie ist super!

1 Die Schulfächer

die Lehrerin　der Lehrer

a Welche Schulfächer?

Beispiel: **1 c**

b Du hörst: Sport, Physik, Geografie, Religion, Mathe, Englisch, Musik, Technologie. Was ist anders auf Deutsch?

Beispiel: In German, they say '<u>sh</u>port', not '<u>s</u>port'.

welche Schulfächer? = *which school subjects?*　**was ist anders?** = *what is different?*

2 Wie spricht man **g** aus?

a g = **g**ive Hör zu: **G**eografie, Biolo**g**ie, **g**ut, Monta**g**

b Hör zu und sprich nach:

Gertrud Gessler ist allergisch gegen Gurken!

3

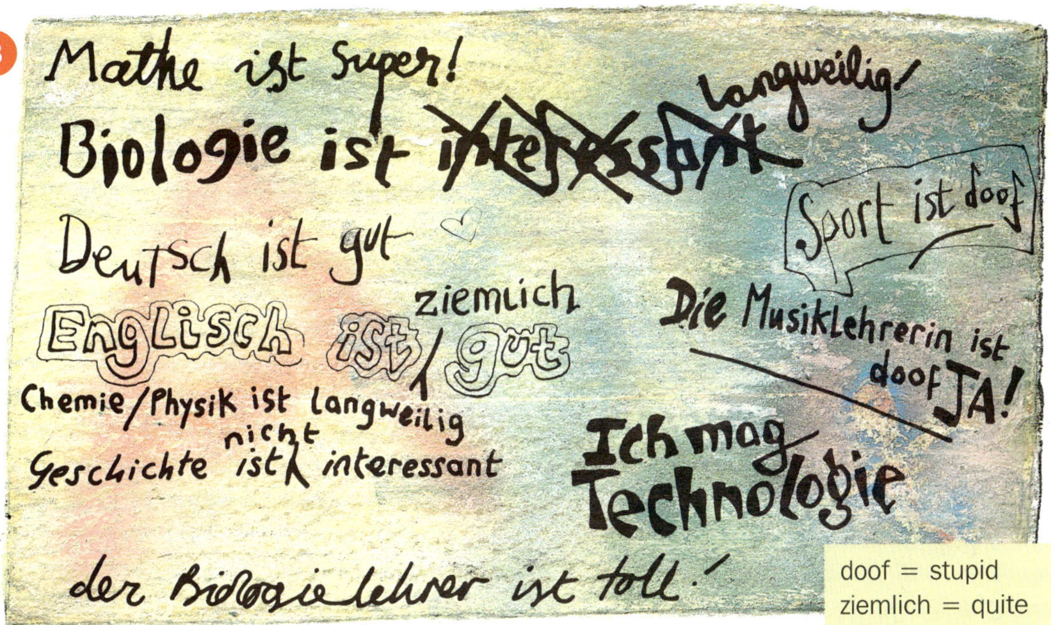

doof = stupid
ziemlich = quite
nicht = not
ich mag = I like

Und du? Schreib das Graffiti auf.
Schreib 'Ja!' oder 'Nein!'.

Beispiel: Mathe ist super! – Ja!
Biologie ist langweilig – Nein!

Aus der Trick-Kiste
Musiklehrerin = Musik + Lehrerin
Kunstlehrer = ? + ?

4 Hör zu (1-10).

✷ ☺ oder ☹? *Beispiel:* **1** ☹
● ✷ + Schreib die Fächer auf. *Beispiel:* **1** Geschichte ☹

Blatt 2B ✷/ 2B ●

5 *Beispiel:*

A Magst du Englisch?

Ja, es ist gut.
Der Lehrer ist Herr Smith.
(● S-M-I-T-H)

B

● Extra Sätze aus Blatt 2B ●!

sprich nach = *repeat (say it after)* **schreib… auf** = *write down*

C Am Montag habe ich Deutsch...

Stundenplan: *Thomas Gruber* Klasse: *8b*

	Montag	Dienstag	Mittwoch	Donnerstag	Freitag
8.00	Englisch Frau Bopp Zi 24	Deutsch Herr Arndt Zi 51	Mathe Frau Neumann Zi 9	Englisch Frau Bopp Zi 24	Chemie/Physik Frau Brock Zi 69
8.45	Mathe Frau Neumann Zi 9	Geografie Herr Lutz Zi 19	Technologie Herr Merz Zi 32	Deutsch Herr Arndt Zi 51	Mathe Frau Neumann Zi 9
9.30	KLEINE PAUSE				
9.35	Musik Herr Wolf Zi 53	Geschichte Frau Prinz Zi 16	Französisch Herr Kleine Zi 21	Religion Herr Schulz Zi 6	Deutsch Herr Arndt Zi 51
10.20	GROSSE PAUSE				
10.40	Deutsch Herr Arndt Zi 51	Englisch Frau Bopp Zi 24	Geschichte Frau Prinz Zi 16	Mathe Frau Neumann Zi 9	Französisch Herr Kleine Zi 21
11.25	Biologie Herr Birkel Zi 64	Mathe Frau Neumann Zi 9	Deutsch Herr Arndt Zi 51	Technologie Herr Merz Zi 32	Englisch Frau Bopp Zi 24
12.10	KLEINE PAUSE				
12.15 13.00	Sport Frau Graf Turnhalle		Kunst Frau Escher Zi 58		Geografie Herr Lutz Zi 19

1 Hör Thomas zu (1-10).

Richtig oder falsch?

Beispiel: **1** falsch Thomas: Ich habe Mathe in Zimmer 19.

(richtig = Zimmer 9)

2 **A** Ich habe Geografie... ...in Zimmer 19. **B**

3 Was sagt er im Bild 4? 'Ich mag Sport' oder 'Sport ist doof'?

was sagt er? = *what does he say?*

Grammatik: ich habe → habe ich

Ich habe Kunst in Zimmer 58.	Am Montag **habe ich** Mathe.
I have art in room 58.	On Monday **I have** maths.

4 **a** Schreib Sätze.

Beispiel: Am Montag habe ich Technologie, Französisch, Chemie/Physik und Musik.

1 Montag

2 Dienstag

3 Mittwoch

4 Donnerstag

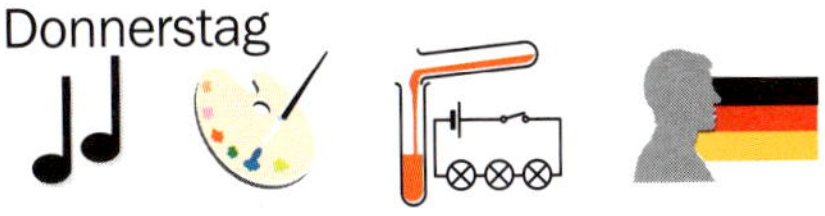

5 Freitag

b Hör zu. War es richtig?

5 Lies die Briefe. Wer mag die Schule? Thomas? Claudia?

Hallo!

Am Montag habe ich Englisch, Mathe, Musik und Deutsch. Ich mag Mathe. Mathe ist gut.

Ich habe auch Biologie und Sport. Biologie ist ziemlich interessant. Ich mag Sport. Sport ist super.

Tschüs!
Thomas

ich mag ♥
ich mag nicht
ich hasse

auch = ?
a ouch
b also

Hallo Petra!

Heute habe ich Deutsch, Geografie und Geschichte. Ich mag Deutsch nicht, und ich hasse Geschichte. Geschichte ist doof!

Ich habe auch Englisch und Mathe. Mathe mag ich nicht. Es ist langweilig, aber die Lehrerin ist gut.

Tschüs!
Claudia

Blatt 2C ✱/ 2C ●

6 Und du?

✱ Am Montag habe ich…
Am Dienstag habe ich…
Ich habe auch…
Ich mag…

● Schreib einen Brief an Thomas oder Claudia.
Beispiel:

Hallo, Thomas!
Ich heiße….
Am Montag habe ich…

wer? = *who?* **die Schule** = *school*

SPEZIAL!

Hier spricht man Deutsch

Quiz

A Deutschland, Österreich und die Schweiz...

Beispiel: 1 **a** die Schweiz **b** Deutschland **c** Österreich

1 **a** 7 Millionen **b** 81 Millionen **c** 8 Millionen

2 **a** die Mark **b** der Schilling **c** der Franken

3 London – Großbritannien…

Wie heißt Wien auf Englisch?

Vienna.

a Bern – ?

b Berlin – ?

c Wien – ?

B Welches Land? Deutschland? Österreich? *oder* die Schweiz?

4 Wolfgang Amadeus Mozart

5 Das Matterhorn

6 Bayern-München

7 Toblerone

8 Der BMW

Quiz

Hinter Hermann Hannes' Haus
Hängen *neunzig* Hemden aus
Neunzig Hemden hängen aus
Hinter Herman Hannes' Haus

Hinter Hermann Hannes' Haus
Hängen achtzig Hemden aus
…
Hängen keine Hemden aus

Hör zu. Sprich mit.

keine Hemden

welches? = *which?* **sprich mit** = *say it with the tape*

D Deutsch im Klassenzimmer

1 **a** Suche einen Satz im Text.

Beispiel: **a** Ich bin fertig.

b A (h) — (Ich verstehe das nicht.) B

2 Wie spricht man **v** aus?

a v = f Hör zu: **v**ergessen, ich **v**erstehe, **v**ier

b Hör zu. Sprich mit.

c Sprich: **v**oll **v**ierzehn **W**inter **w**arm
vier **V**olks**w**agen **W**ein **W**eiß**w**ein be**v**or
Hör zu. War es richtig?

Nicht vergessen!
v = f w = v

Blatt 2D ✱/ 2D ●

3 Theater! Die Klasse und der Lehrer/die Lehrerin

suche = *look for*

SPEZIAL!

Schule in Deutschland

1

2

3

4

Was passt zusammen?
Beispiel: a = Bild Nummer _?_

a 30°C um elf Uhr? Die Schüler gehen heim.

b Die Schule ist um ein Uhr zu Ende.

c Die Schule beginnt um acht Uhr.

d Schuluniform? Nein danke!

Spaß mit Wörtern!

1

Aus der Trick-Kiste

So kannst du Wörter lernen:

- Schreib die Wörter in Listen auf.

Beispiel:

Ich mag...	Ich hasse...
Deutsch	Sport

- Richtig? Dein Partner / deine Partnerin checkt!

2 Schreib Sätze in dein Heft.

Beispiel: **1** Geografie ist interessant.

1 GEOGRAFIE INTERESSANT

1 IGNETOEGRREASFSIAENT

2 KSUUNPSETR

3 MDUOSOIFK

4 GLEASNCGHWIECIHLTIEG

5 TIENCTHENROELSOSGAINET

3 **a** Was ist das?

Musik...

Lehrer Heft Buch Zimmer Lehrerin

Beispiel: **1** Musikbuch

1 

2 

3 

4 

5 

b Schreib zehn lange Wörter in dein Heft. *Beispiel:* Mathebuch

4 Aus Ägypten

| = 1 ||| || = 5 ∩ = 10  = 100  = 1000

Schreib die Wörter. *Beispiel:* **1** sechsundvierzig

1 

2 

3 

4 

5 

6 

7 

8 

9 

Listen = *lists* **was ist das?** = *what is it?* **lange** = *long*

LEKTION 3

Ich und meine Freunde

A Musik

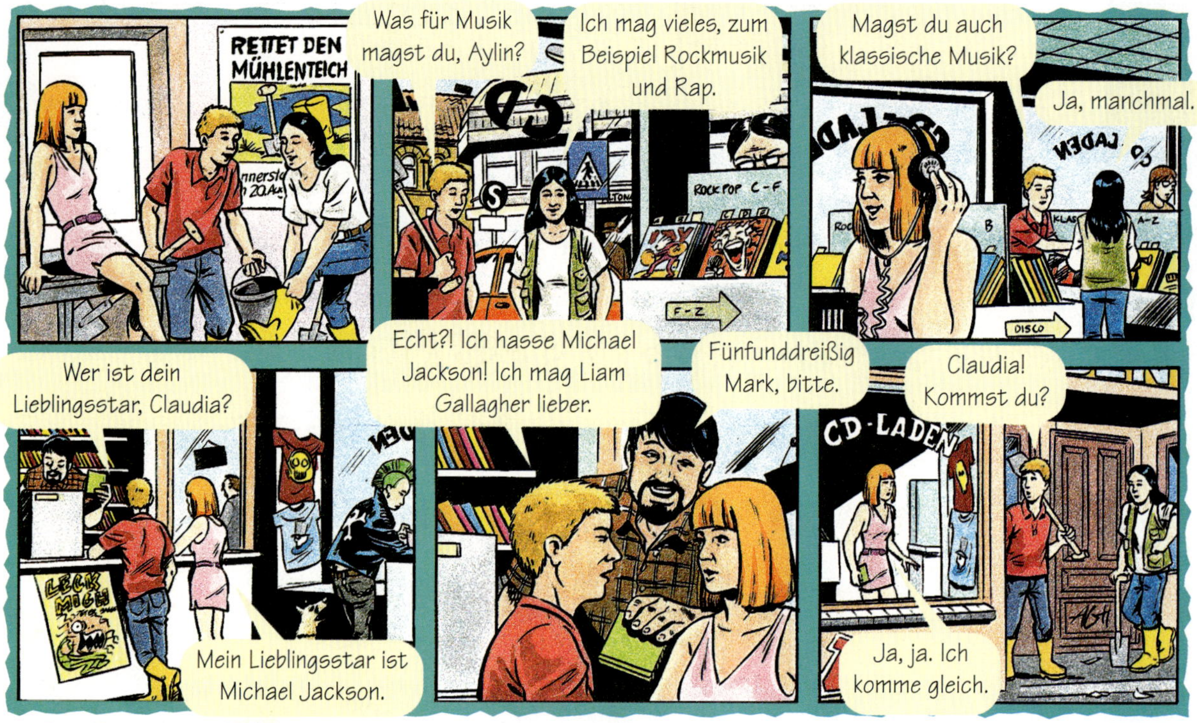

1 Wie heißt 'manchmal' auf Englisch? **(a)** munch **(b)** marshmallow **(c)** sometimes
2 Was kostet die CD? **(a)** DM 35 **(b)** DM 53

1

Diskussion.

Beispiel:

A

Magst du Rap, Katy?

→ **B**

Ja, zum Beispiel, Ice T.

Nein.

Ja, manchmal.

Nein. Ich hasse Rap.

→

Was für Musik magst du, Adam?

→ **C**

Ich mag Rap auch.

Ich mag Techno. Techno ist toll.

2 Was passt zusammen?

Beispiel: **1** Wer ist dein Lieblingsstar?
e Mein Lieblingsstar ist Alanis Morissette.

> Wie spricht man **ei** und **ie** aus?
> (Seite 15)

1 Wer ist dein Lieblingsstar?
2 Was ist deine Lieblingsgruppe?
3 Was ist dein Lieblingsfilm?
4 Was ist deine Lieblingssendung?
5 Was ist deine Lieblingsfußballmannschaft?

a Meine Lieblingsfußballmannschaft ist Manchester United.
b Mein Lieblingsfilm ist *Terminator.*
c Meine Lieblingsgruppe ist U2.
d Mein Lieblingsstar ist Arnold Schwarzenegger.
e Meine Lieblingssendung ist *Eastenders.*

3 Wie spricht man lange Wörter aus?

a 1 oder 3?
✔ Lieblingsfußballmannschaft
✘ Lieblings fußball mannschaft

3 oder 1?
✘ Favouritefootballteam
✔ Favourite football team

b Hör zu und sprich nach:
Mannschaft
Fußballmannschaft
Lieblingsfußballmannschaft
Was ist deine Lieblingsfußballmannschaft?

c Hör zu und sprich nach:
meine Lieblingsgruppe   mein Lieblingsfilm   meine Lieblingssendung

Blatt 3A ✷/ 3A ●

4 Eine Umfrage

	Joe	Anna
dein Lieblingsstar	Sharon Stone	
deine Lieblingsgruppe		

a Schreib eine Umfrage.

✷ Sieh dir Übung 2 an.
● Mach noch andere Kategorien: dein Lieblings**fach**, deine Lieblings**basketball**mannschaft (**Rugby / Cricket / Formel-1**) etc.

b Frage sechs Freunde.

Beispiel: Was ist deine Lieblingssendung?

> **F** Fach – subject
> **f** Lieblings**f**ach – favourite subject

lange = *long*   **Umfrage** = *survey*   **frage** = *ask*   **noch andere** = *other*

B Hobbys

1 Was macht Aylin am Wochenende (Samstag/Sonntag)? **(a)**  **(b)** 

2 Was ist richtig? Claudia findet die Bio-Gruppe… **(a)** interessant **(b)** langweilig

3 'Manchmal' = ? **(a)** sometimes **(b)** never

'Nach der Schule' = ? **(a)** before school **(b)** after school

1 In welcher Reihenfolge hörst du **a**–**h**?

Beispiel: **1 c** (= *Ich höre Musik.*)

Was machst du nach der Schule? Und am Wochenende?

a

Ich spiele Fußball.

b

Ich spiele am Computer.

c

Ich höre Musik.

d

Ich lese Magazine.

e

Ich gehe schwimmen.

f

Ich gehe in die Stadt.

g

Ich treffe Freunde.

h

Ich sehe fern.

2 **A** beginnt einen Satz; **B** ergänzt den Satz.

Beispiel:

A „Ich höre… ?“ – „Ich höre Musik.“ **B**

Grammatik

Ich wohn**e** in Bonn.	Wo wohn**st du**?
Ich geh**e** schwimmen.	Geh**st du** schwimmen?
Ich spiel**?** am Computer.	Spiel**st du** am Computer?
Ich hör**?** Musik.	Hör**? du** Musik?

⚠ ich sehe – s**ie**hst du?; ich lese – l**ie**st du?; ich treffe – tri**ff**st du?

3

4

Spielst du Fußball?

- Ja, jeden Tag.
- Ja, am Montag und Mittwoch.
- Ja, nach der Schule.
- Ja, am Wochenende.
- Ja, manchmal.
- Nein, das mag ich nicht!
- Nein, ich hasse Fußball!

← jeden Tag →

Mo	Di	Mi	Do	Fr	Sa	So
					am Wochenende	

5 Sieh dir das Comic an. Du hörst den Dialog. Was ist anders?

Beispiel: **1** *Du hörst:* „Spielst du **Tennis**, Thomas?“ Du sagst: „‘Tennis’ ist falsch. ‘Fußball’ ist richtig.“

Blatt 3B ✱/ 3B ●

6 ✱ Und du?

- Was machst du nach der Schule?
- Was machst du am Wochenende?
- Gehst du schwimmen?
- Triffst du Freunde?

● Schreib einen Brief.

Beispiel:

Am Wochenende spiele ich…
… Ich gehe auch schwimmen.
Und du? Gehst du auch schimmen?…

ergänzt = *completes* **Comic** = *picture story* **anders** = *different*

C Die Gruppe

1 Was passt zusammen? Schau ins Glossar (Seiten 162-175).

Beispiel: faul – lazy

faul · cool · toll · musikalisch · lustig · nett · intelligent · sportlich · schüchtern · sehr · ziemlich · überhaupt nicht

sporty nice
lazy shy great
cool musical
intelligent
funny, a laugh

very quite
not at all

2 **a** Beschreibe Sebastian und Barbara.

Beispiel: **1 Er** ist nett. **6 Sie** ist toll.

Sebastian: er ist…	**Barbara: sie** ist…

b Hör zu. War es richtig? Waren die Bilder klar?

schau = *look* **Glossar** = *glossary* **Seiten** = *pages* **beschreibe** = *describe* **klar** = *clear*

3 **Charakter** Wie sind die Schüler? Hör zu (1-4).

Beschreibe den Charakter von den Schülern.

Beispiel: ✱ **1** cool ● **1** Sie ist cool. **2** Er ist...

Grammatik

Ich **bin**	nett toll
Du **bist**	intelligent faul
Er **ist**	musikalisch
Sie **ist**	14 Jahre alt *etc.*

4 Grammatiktennis! Macht zehn Sätze.

Beispiel:

A Du... — ...**bist**... **B**

A ...faul. — Sie... **B**

A ...**ist**... — ...toll... **B**

Blatt 3C ✱/ 3C ●

5 **a** Lies den Brief. Was passt zusammen? Schreib Namen und Buchstaben auf.

⚠ drei Freunde / vier Bilder

Hallo!

Ich bin in Klasse 8b. Meine Klasse ist lustig und ich habe viele Freunde.

Mein Partner heißt Artur. Er ist ziemlich intelligent, aber faul. Er ist sehr cool.

Meine Lieblingsfreundin ist Lena. Sie ist toll. Sie ist sehr lustig.

Georg ist auch sehr nett. Er ist musikalisch. Er spielt vier Instrumente.

b Beschreibe die Person im vierten Bild.

wie sind die Schüler? = *what are the pupils like?* **vierten** = *fourth*

SPEZIAL!

Brieffreunde aus Deutschland

Aus der Trick-Kiste

Englisch: penfriend = pen + friend

Deutsch: Brieffreund = Brief + Freund

Sabine Hohlt (14), *Johann-Sebastian-Bach-Straße 42, 35745 Herborn: Brieffreundin (Foto)*: reiten, Klavier spielen, lesen, Briefe schreiben

Christian Maier (12), *Hinterstraße 22, 72127 Kusterdingen: Brieffreund/Brieffreundin:* Kino, Nintendo spielen, schwimmen, Rollschuh fahren

Marlene Staude (13), *Veilchenstraße 121, 96158 Frensdorf: Brieffreund(in) (Foto)* Sport (zB Leichtathletik, Tennis), Musik, Comics, meine Katze

Eva Kellner (15) *Am Engelsbach 3, 82319 Starnberg: Brieffreund(in) (13-16):* Freunde treffen, Partys, tanzen, Musik hören

Stephan Wolfram (14) *Hauptstraße 12, 82961 Neuried: Brieffreunde:* telefonieren, lesen, Computer spielen, fernsehen, lachen

Sebastian Nickel (13) *Köstriner Straße 58, 32457 Porta Westfalica: Brieffreund:* Computer, fernsehen, Briefe schreiben, Rollschuh fahren, schwimmen

Alexander Steidler (13) *Gatterweg 102, 01217 Dresden: Brieffreund(in) (11-16):* Schlittschuh laufen, Tennis und Handball spielen, CDs hören

Britta Wiedenbauer (16) *Eichenweg 34, 50739 Köln: Brieffreund(in):* tanzen, Freunde, flirten, lachen, Schlagzeug spielen

1 Lies die Briefe.

✱ Sieh dir die Bilder (**a-h**) an. Was passt zusammen?
Beispiel: Sabine Hohlt = **d**

● ✱ + suche Brieffreunde für:

- Christian Maier
- Marlene Staude
- Eva Kellner.

Aus der Trick-Kiste

- Kannst du raten?
  zB: flirten = flirting
- Schau ins Glossar.
  zB:
  das Klavier (noun) piano
  spielen (verb) to play
  Klavier spielen = playing the piano

suche = *look for* **raten** = *guess*

der Brieffreund  die Brieffreundin 

a

b

c

d

e

f

g

h

2 **a** ✷ Wer ist der beste Brieffreund für dich?
● Warum?
Beispiel: Ich mag Kino und Nintendo. Christian auch.

b ✷ Wer ist die beste Brieffreundin für dich?
● Warum?

für dich = *for you* **warum?** = *why?*

D Er hört Radio, sie hört CDs

In der Pause

Porträt: Meisterin im Schwimmen

Sie heißt...	Karin
Sie ist...	15 Jahre alt
Sie wohnt...	in Augsburg
Sie ist...	Vegetarierin

Ihre Hobbys

Sie spielt Federball
Sie geht schwimmen
Sie hört CDs
Sie mag Tiere
Sie trifft Freunde
Sie liest Comics
Sie mag Computer

1 Lies das Magazin.

Wie heißt es auf Deutsch...?

1 he likes fashion
2 she likes animals
3 he goes fishing
4 he reads books
5 she plays badminton
6 he plays tabletennis
7 she likes computers
8 he likes cars

Porträt – Der Inline-Meister

Er heißt... Daniel
Er ist... 16 Jahre alt
Er kommt aus... Deutschland
Er wohnt in... Österreich

Seine Hobbys

Er sieht Videofilme
Er spielt Gitarre
Er hört Radio
Er mag Mode
Er hasst die Schule
Er liest Bücher
Er geht Angeln
Er spielt Tischtennis
Er mag Autos

2 Karin oder Daniel?
Beispiel: **a** Daniel

a

b

c

d

e

f
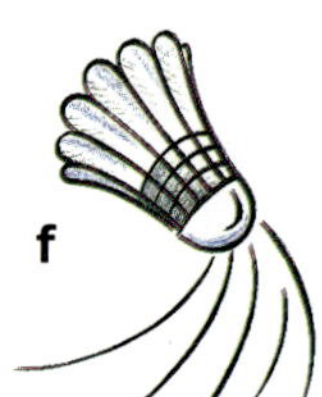

Grammatik

ich wohn**e** du wohn**st** er / sie wohn**t**	ich geh**e** du geh**?** er / sie geh**?**	ich spiel**?** du spiel**?** er / sie spiel**?**

⚠ ich mag, du mag**st**, er/sie mag
ich les**e**, du lie**st**, er/sie lies**t**; ich hass**e**, du hass**t**, er/sie hass**t**

3 **a** Bist du ein Poet?

Ich spiele Federball	Ich hör _____ REM	Ich ...
Du spielst Volleyball	Du hör _____ Mozart	Du ...
Er spielt Basketball	Er _____ _____	Er ...
Sie spielt Golf	Sie _____ _____	Sie ...
Aber ich hasse Sport!	Aber ich hasse Musik!	Aber ich ...

b Sprich auf Kassette!

Ich sehe Neighbours...
Du siehst...

Blatt 3D ✱/ 3D ●

4 Wie spricht man **ö** aus?

a Hör zu: **ö ö** ich h**ö**re
er h**ö**rt **Ö**sterreich

b Wie spricht man diese Fußballmannschaften aus?

c Hör zu. War es richtig?

◀ Mönchen-Gladbach

FC Köln ▼

5 Mach ein Poster. *Beispiel:*

Hast du Fotos?

Ich und meine Freunde

Ich
Ich heiße TIM.
Ich bin dreizehn Jahre alt.
Ich bin sehr sportlich.
Ich gehe Angeln und ich spiele Federball.

Sheryl

Sie ist ziemlich schüchtern.
Sie mag Tiere und ...

SPEZIAL!

Marken aus Deutschland

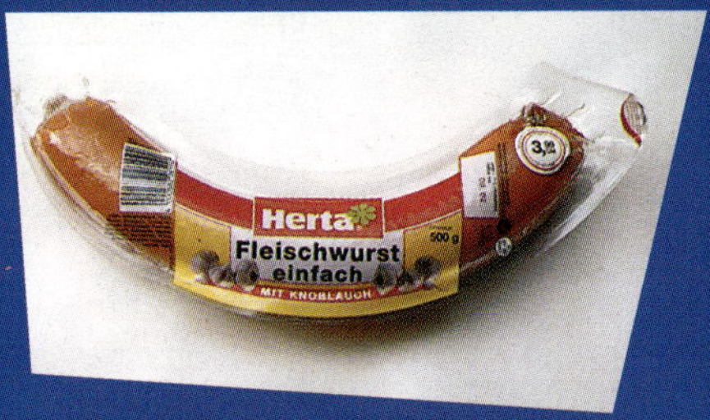

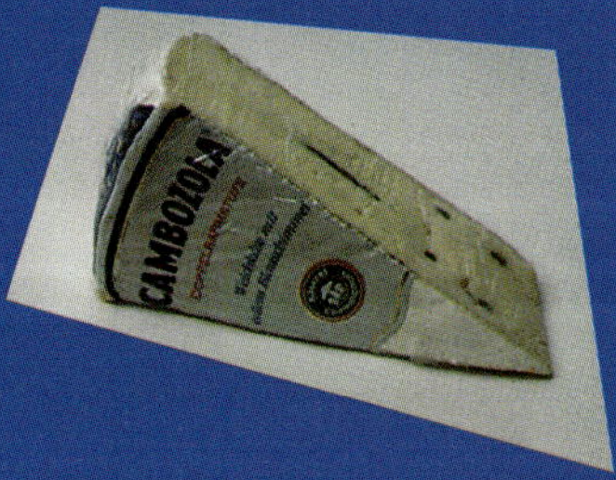

1 Sprich:
Volkswagen Bosch Nutella Leibniz Cambozola
Siemens Zott Ritter Sport Braun BMW Herta

Hör zu. War es richtig?

2 Kennst du noch andere Marken aus Deutschland?

Marken = *brands* **kennst du?** = *do you know?* **noch andere** = *other*

Spaß mit Wörtern!

1 Anagramme

Schreib die Sätze auf.

Beispiel: **1** Er sieht fern.

1 Er sieht n e r f.
2 Ich lese r ü B e c h.
3 Spielst du l a b l d r e F e?
4 Sie geht g e l A n n.
5 Hörst du o d a R i?
6 Er hasst d o M e.
7 Sie spielt s n i T e s h t i n c.
8 Ich mag i T r e e.

2

Aus der Trick-Kiste

So kannst du Wörter lernen:

- Deck die **englischen** Wörter zu.
  Lies die **deutschen** Wörter.
  Sag die Wörter auf **Englisch**.
- Deck die **deutschen** Wörter zu.
  Lies die **englischen** Wörter.
  Sag / schreib die Wörter auf **Deutsch**.

a Schreib die Sätze von Übung 1 auf Englisch und auf Deutsch.

b

c

He watches TV

3

Lange deutsche Wörter! Schreib acht Sätze auf.

Beispiel:
Mein Lieblingsfreund ist James.
Meine Lieblingsfreundin ist Becky.

Aus der Trick-Kiste

F mein **F**reund
f mein **L**ieblings**f**reund

Mein Lieblings...
Lehrer
Buch Freund
Videofilm
Sport Comic
Auto Tier

Meine Lieblings...
Lehrerin
Rockgruppe
Radiosendung
Freundin CD
Rapgruppe

lange = *long* **deck... zu** = *cover*

LEKTION 4

Ein Picknick

A Wann hast du Geburtstag?

1 Wann hat Markus Geburtstag? **(a)** am 15. September **(b)** am 5. September
2 Wer ist älter: Aylin oder Thomas?

Januar
Neujahrstag

Februar
Karneval

März
Ostern
(im März oder April)

April
Walpurgis nacht

Mai
Muttertag

Juni
Bundesliga Finale

Juli
Musikfest in Bayreuth

August
Rhein in Flammen in Koblenz

September
Oktoberfest in München

Oktober
Der Tag der Deutschen Einheit

November
Erster Advent

Dezember
Weihnachten

1 A Wann ist Muttertag? Im Mai B

2 Wie spricht man **j** aus?

a j = y Hör zu: **j**a, **J**anuar, **J**uni, **J**uli, **J**ahre

b Sprich: Ich heiße Jan Benjamin Jakobsen. Ich heiße Julia Johanna Joch.

c Hör zu. War es richtig?

Grammatik

2 → 19 am _____ **ten** am zwei**ten** Dezember am neun**ten** Februar am achtzehn**ten** März	20 → am _____ **sten** am zwanzig**sten** Oktober am einunddreißig**sten** Juli am sechsundzwanzig**sten** Mai	 Nikolaustag ist am sechsten Dezember.
⚠ am **ersten** Mai (1. Mai)	am **dritten** Juni (3. Juni)	am **siebten** April (7. April)

3 Hör zu (1-6). Wann haben sie Geburtstag?

Beispiel: **1** am 12. Mai

4 *Beispiel:* Madonna hat am sechzehnten August Geburtstag.

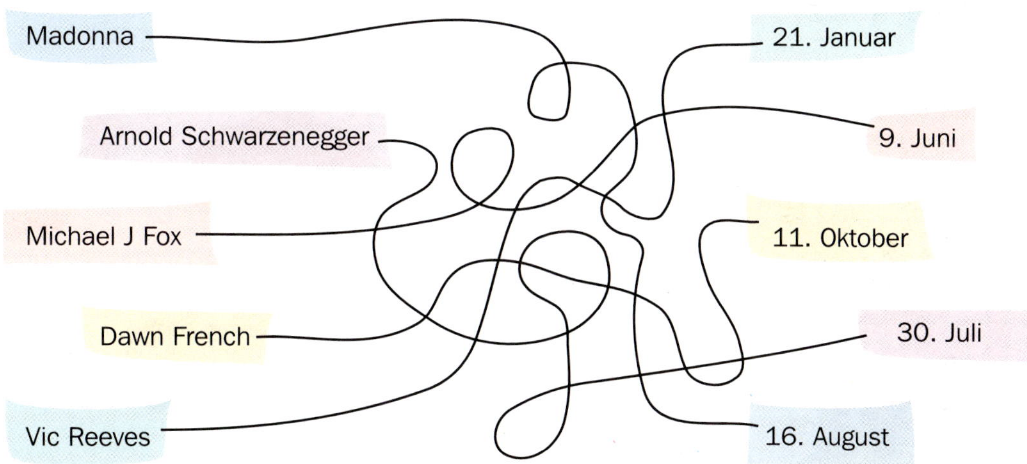

Blatt 4A ✱/ 4A ●

5

B Magst du Bananen?

Am Samstag ist das Picknick. Am Freitag sind Thomas und Markus im Supermarkt.

Was mag Markus? (**a**)  (**b**)  (**c**) 

1 **a** Hör zu (**1**-**6**). Sieh dir die Bilder (**a**-**k**) an.
Was mag Aylin? (mag = ✔; mag nicht = ✘)
Beispiel: **1 c ✔** **2 e ✘**

b Und Claudia (**1**-**6**)?

a 
b 
c 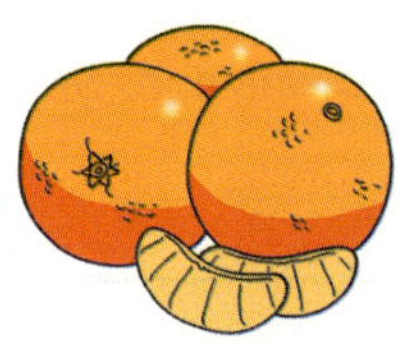
d 
e 
f 
g 
h 
i 
j 
k 

2 Seht euch die Bilder (**a**-**k**) an.

A Magst du Bananen?

B Ja, ich mag Bananen.
Ja, Bananen sind OK.
Nein, ich mag Pfirsiche lieber.
Nein, ich mag Bananen nicht.
Nein, Bananen sind scheußlich!
Nein, ich bin allergisch gegen Bananen.

seht euch… an = *look at*

3 Wie spricht man **ä** und **ü** aus?

a → **ä**

a Hör zu:
ein Apfel → zwei **Ä**pfel
eine Stadt → zwei St**ä**dte

b Sprich:
zwei H**ä**nde zwei W**ä**nde

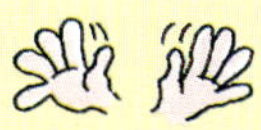

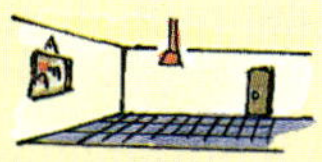

c Hör zu. War es richtig?

u → **ü**

d Hör zu:
eine Nuss → zwei N**ü**sse
ein Buch → zwei B**ü**cher

e Sprich:
Übung f**ü**nf Fl**ü**sse tsch**ü**s!

f Hör zu. War es richtig?

Grammatik: Plurals

- There are many plural forms in English, e.g:

-s	1 house	2 house**s**
-es	1 box	2 box**es**
-en	1 child	2 child**ren**
vowel change	1 man	2 m**e**n
- (no change)	1 sheep	2 sheep

- There are many plural forms in German, e.g:

- (no change)	1 Brötchen	2 Brötchen	**¨(Umlaut)**	1 Apfel	2 **Ä**pfel
-e	1 Keks	2 Keks**e**	**¨e**	1 Nuss	2 N**ü**ss**e**
-er	1 Kind	2 Kind**er**	**¨er**	1 Buch	2 B**ü**ch**er**
-n	1 Banane	2 Banane**n**			
-s (foreign words)	1 Chip	2 Chip**s**			

Aus der Trick-Kiste

- Always note the plural form of new nouns,
  e.g: *Orange (pl -n) orange*
  Apfel (pl Äpfel) apple
- When you learn a noun, learn its plural form at the same time.

Blatt 4B ✱/ 4B ●

4 Bist du Poet?

Wiede wiede wips
Ich mag Chips

Wiede wiede wola
Ich hasse Cola

Wiede wiede wäpfel
Ich...

SPEZIAL!

Saturnus und Mondi

1 Theater!
Lerne deine Rolle.

lerne = *learn* **Rolle** = *role, part*

2 Avocadoshake, Bananenmilch, Melonenshake – Bild a, b oder c?

Milky Way

Die Standard-Flavours
sind Banane, Erdbeere, Orange und Apfel.

Früchte und Milch im Mixer zerkleinern.

Die Shakes kalt servieren.

ein Teelöffel

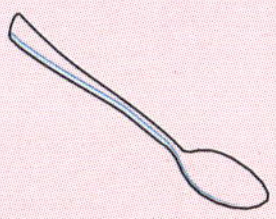

ein Esslöffel

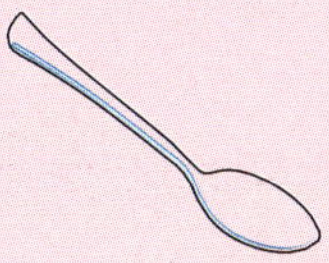

Avocadoshake (aus Indonesien)

1 Avocado
1 Glas Milch
1 Teelöffel Kokosflocken

a

Bananenmilch (indisch)

- 1 Esslöffel Kokosflocken in Butter rösten. Kalt stellen.
- Milch, Banane und ein Blatt Minze im Mixer pürieren.
- Kokosflocken dazugeben, mit Mineralwasser auffüllen.

b

Melonenshake (aus Venezuela)

Melone im Mixer pürieren, mit Zucker abschmecken.

Milch auffüllen.

Eiskalt servieren.

c

C Eine Flasche Cola, bitte

Wie heißt *the* auf Deutsch? (3 richtige Antworten)

Grammatik: der, die, das

All German nouns are either masculine, feminine or neuter.
When you learn a new word, note and learn the gender, too! e.g. *der Käse = cheese*

Maskulinum	**Femininum**	**Neutrum**
Was kostet…	Was kostet…	Was kostet…
der Käse 	**die** Wurst 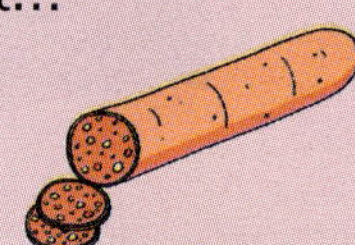	**das** Brot 
der Schinken 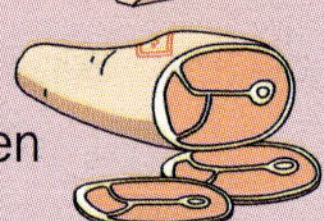	**die** Butter 	

1 **a** Der? Die? Das? Schau ins Glossar.
Schreib Fragen in dein Heft:

Beispiel: **1** Was kostet das Mineralwasser, bitte?

1 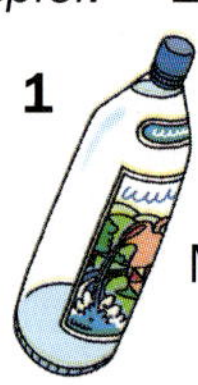 Mineralwasser

2  Milch

3  Jogurt

4  Apfelsaft

5 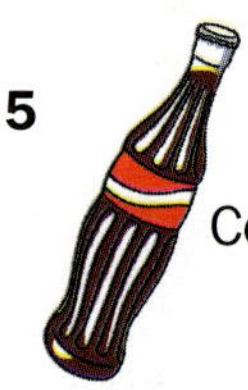 Cola

6  Limonade

b Hör zu (1-6). Schreib den Preis auf.

Beispiel: **1** DM 2,80

die Frage (-n) = *question*

Grammatik: die (Plural)

Im Plural, 'the' = **die**		
Singular	**Plural**	
Was kostet der Apfel? Was kostet die Banane? Was kostet das Brötchen?	kost**en die**	Was kost**en die** Äpfel? Was kost**en die** Bananen? Was kost**en die** Brötchen?

2 A Was kosten die Äpfel? B Die Äpfel kosten drei Mark.

3 a Lies den Dialog und hör zu. Welches Bild passt? (**a**, **b**, **c** oder **d**?)

Ein Kilo Pfirsiche, bitte.
Bitte schön. Ist das alles?

Nein, was kostet die Wurst?
15 Mark das Kilo.
OK, 500 Gramm, bitte.

Ist das alles?
Nein, was kostet die Limonade?
Eine Flasche kostet 1,20 Mark.
OK, eine Flasche, bitte.

12,25 Mark, bitte.
Bitte schön. Auf Wiedersehen.
Auf Wiedersehen.

b Hör zu (zwei Dialoge). Welches Bild passt? (**a**, **b**, **c**, **d**?)

Blatt 4C ✱/ 4C ●

4 a Ein Poster: am Markt.

b Dialoge: am Markt.

D Wie ist das Wetter heute?

Was ist richtig am Ende: Claudia *ist* / *ist nicht* ökofreundlich?

1 Hör zu (1-8). Wie ist das Wetter?
Beispiel: **1 a, d** *(= schön, sonnig)*

2 Pantomime!

3

Zeichne Symbole für:

Es ist schön. **Es ist scheußlich.**
Es ist heiß. **Es ist kalt.**
Es ist sonnig. **Es ist windig.**
Es regnet. **Es schneit.**

4

Wetter-Extreme in der Welt

In der Antarktis ist es natürlich sehr kalt (bis minus 57°). Es ist aber in der Antarktis auch sehr windig (Winde bis zu 320 km/h).

Und wo ist es sehr heiß? Zum Beispiel in Lybien – bis zu 58° im Schatten!

In Kanai, Hawaii, regnet es 350 Tage im Jahr.

Und wo schneit es viel? Mt. Shasta, Kalifornien, USA, hält den Weltrekord: 1930mm Schnee an einem Tag (am 14. April 1921).

Wo ist der Weltrekord für:

a 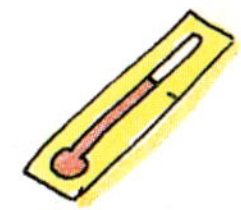

b 

c 

d 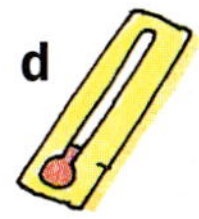

e 

Blatt 4D ✱/ 4D ●

5 Lerne das Gedicht!

April, April, April,
der weiß nicht, was er will.
Mal Regen und mal Sonnenschein,
dann schneit es wieder zwischendrein.
April, April, April,
der weiß nicht, was er will.

die Pantomime = *mime* **zeichne** = *draw* **für** = *for* **lerne** = *learn*
das Gedicht (-e) = *poem*

SPEZIAL!

Wiederholung: Test-Check

Die britische Partnerklasse kommt...

1 Bring den Dialog in die richtige Reihenfolge.

1 Ich bin dreizehn Jahre alt. Und du?
2 Ich heiße Rachel.
3 Ich wohne in Bristol, aber ich komme aus Wales. Und du?
4 Wie alt bist du, Rachel?
5 Ich wohne hier in Hamburg.
6 Ich bin zwölf. Wo wohnst du?
7 Hallo. Ich bin Stefan. Wie heißt du?

2 Dialog: Vicky und Karl.

Beispiel:

A

Vicky (14) Glasgow (Schottland)	Karl (15) Bonn Deutschland

3 **a** Wer sind die Partner?

Akbar – Musik, Filme, Sport
Sandra – Computer, TV, lesen
Joanna – Sport, Bücher, Partys
Daniel – Freunde treffen, Angeln, CDs

Willkommen in Hamburg!

Ich bin sehr sportlich. Ich spiele jeden Tag Handball oder Federball. Meine Lieblingsfußballmannschaft ist Bayern München.

Am Samstag gehe ich in die Stadt. Ich treffe Freunde. Am Sonntag lese ich.

Marina

Hallo! Ich heiße Katrin.

Ich mag Rock und klassische Musik. Meine Lieblingsgruppe ist U2. Sie sind toll! Ich höre nach der Schule Musik.

Am Wochenende gehe ich in die Stadt. Ich treffe Freunde.

Hallo!

Nach der Schule sehe ich fern oder Videofilme.

Ich spiele am Computer. Ich mag auch Nintendo und Attari.

Christoph

Willkommen!

Ich heiße Georg, und ich habe viele Hobbys.

Ich spiele Klavier und Gitarre. Ich lese, ich gehe schwimmen und manchmal gehe ich ins Kino.

Tschüs!

● **b** Und *deine* Hobbys? Schreib einen Brief.

die Wiederholung = *revision* **wer sind?** = *who are?*

4 **a** Rätsel!
Schreib fünf Sätze in dein Heft:
Am Montag habe ich...

G	E	S	C	H	I	K
T	R	E	T	H	C	U
E	E	B	I	O	L	N
C	L	E	I	G	O	S
H	I	G	I	O	N	T
N	O	L	O	G	I	E

b 'Montag' = **A** oder **B**?

c Mach ein Rätsel für Mittwoch und Freitag.

d Dein(e) Partner(in) schreibt die Sätze. *Beispiel:* Am Mittwoch habe ich...

5 Die Partner diskutieren Schulfächer.
Hör zu (1-8). Richtig oder falsch?

Beispiel: **1** richtig

6 Deine Schule! Die deutsche Partnerklasse kommt!

✷ **A** =  **B** =  Macht einen Dialog.

Beispiel:

A Hallo. Wie heißt du?

Ich heiße Christoph. Und du? **B**

● ✷ +

Fragen, zum Beispiel:
Name? ? Jahre alt?
Hobbys?
Schulfächer (☺/☹)?

das Rätsel(-) = *puzzle* **für** = *for* **diskutieren** = *are discussing*
die Schulfächer (*pl*) = *school subjects*

LEKTION 5

Claudia und die Tiere

A Wo ist der Marktplatz, bitte?

Was ist richtig? **(a)** **(b)**

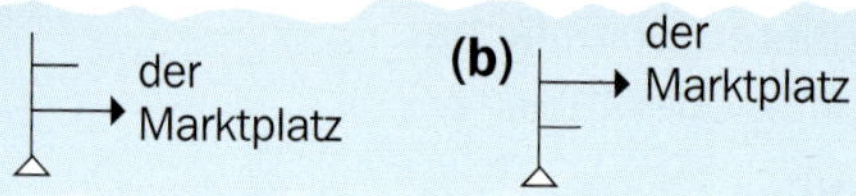

1 Schau ins Glossar. Schreib die Wörter in dein Heft.
Beispiel: der Marktplatz – *the market square*

der Mar platz
die Bur
die Eink fspa age
das Verk rs t
das Rath s
der Ba hof
der Pa k
die Thomaskir e
das Schw bad

2 Was ist das? *Beispiel:* **a** Das ist der…

a **b** **c** **d** **e** **f**

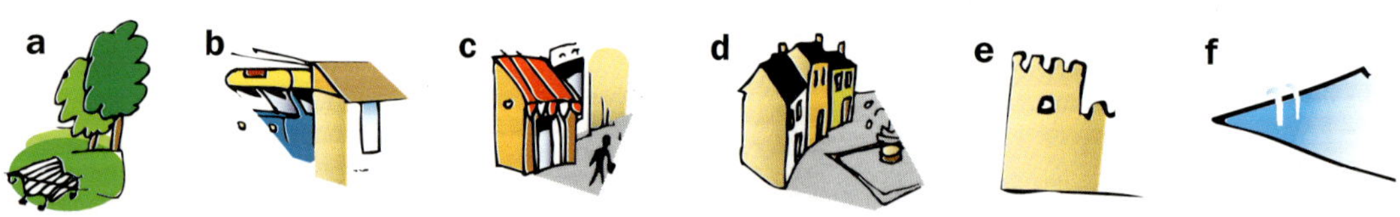

3 Hör zu (1-4). Richtig oder falsch?

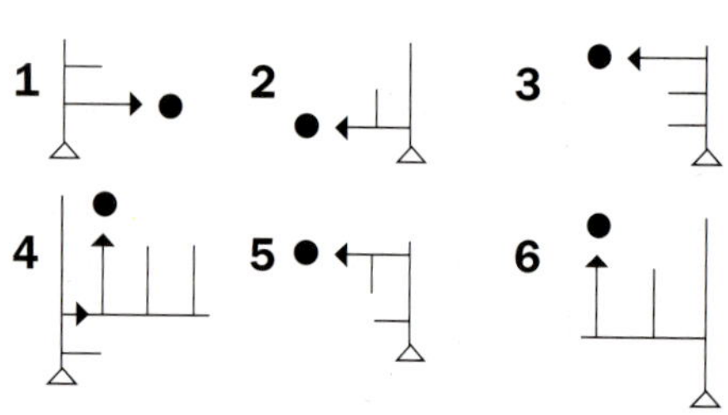

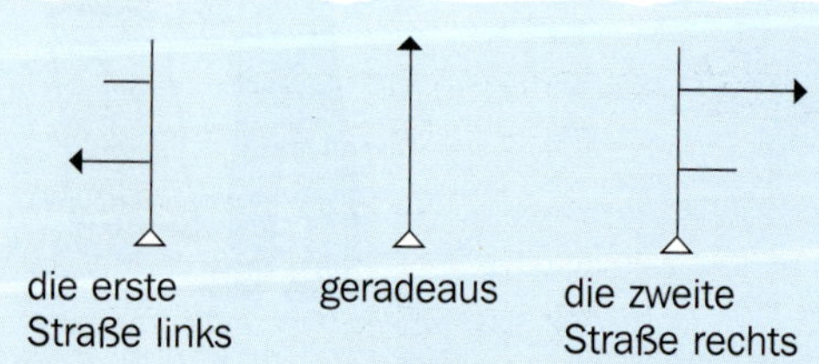

4

Aus der Trick-Kiste
Wann ist rechts links?

Das Stadtplanspiel Du beginnst immer bei 

A – Die zweite Straße rechts und dann geradeaus.

B – Die Burg!

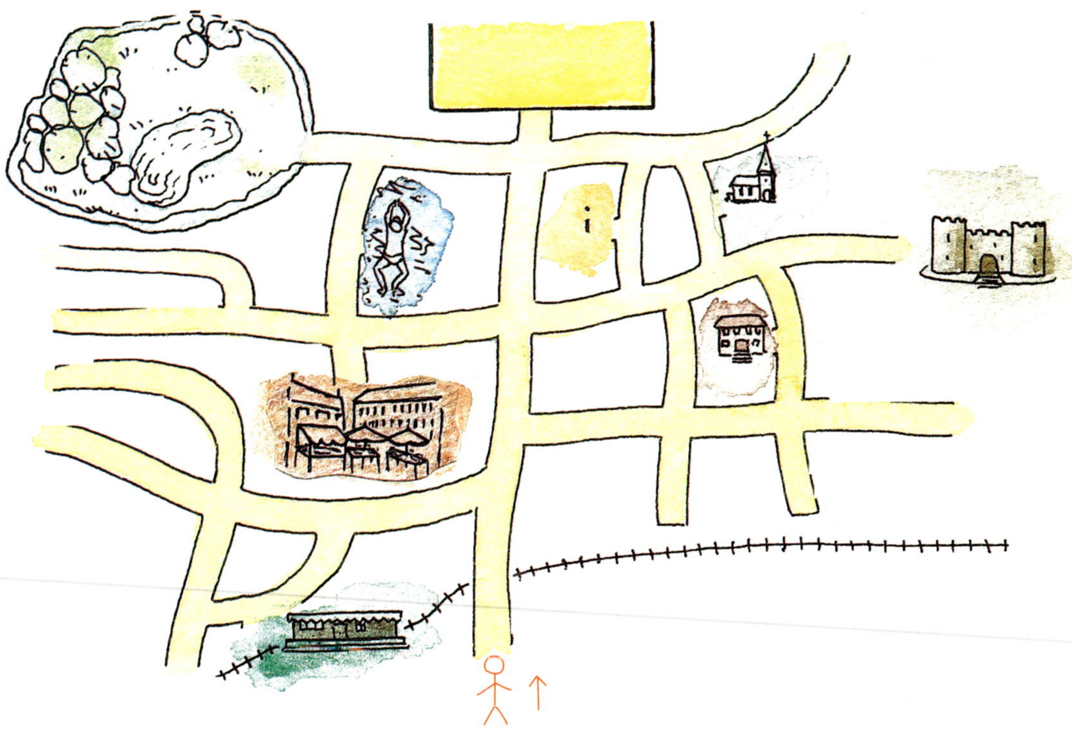

Blatt 5A ✱/ 5A ●

5 Schreib die Antworten...
- für deine Stadt (du beginnst in der Schule)

oder
- für den Stadtplan (Übung 4).

Wo ist... ?

1 der Marktplatz
2 der Park
3 das Schwimmbad
4 das Verkehrsamt
5 die Einkaufspassage
6 das Rathaus
7 der Bahnhof
8 die Burg
9 die Kirche

immer = *always* **bei** = *at*

B Saldo ist ein Kaufhaus

Claudia sieht eine Demonstration. Was ist richtig? **(a)** Sie geht ins Kaufhaus.
(b) Sie geht nicht ins Kaufhaus.

1 **a** Schreib die Wörter in drei Listen:

= Englisch	≈ Englisch	≠ Englisch
Bank	Supermarkt	Gaststätte – *restaurant*

Stadion Supermarkt Kaufhaus Kino
Gaststätte Bank Café Schule
Kirche Drogerie Sportzentrum Post

b **Der, die** oder **das**? Schau ins Glossar. Schreib die richtigen Wörter auf.

m = Maskulinum = **der** **f** = Femininum = **die** **nt** = Neutrum = **das**

die Bank	der Supermarkt	die Gaststätte – *restaurant*

Grammatik: ein, eine

Maskulinum	Femininum	Neutrum
hier ist **ein** Supermarkt **der** Supermarkt heißt Aldi	hier ist **eine** Bank **die** Bank heißt Dresdener Bank	hier ist **ein** Café **das** Café heißt Luigi

2 Schreib Sätze in dein Heft.
Beispiel: **a** Hier ist ein Supermarkt. Der Supermarkt heißt Pennymarkt.

a

Pennymarkt

b

Rex

c

Krone

d

Karstadt

e

Olympia

f

Rudolf-Diesel Gymnasium

3 Spiel!

Schnell!

A: Midland. — B: Das ist eine Bank.

A: Tesco. — B: Das ist ein …

4 Sieh dir den Stadtplan an. Hör zu (1-8). Richtig oder falsch?

1 Rathaus
2 Verkehrsamt
3 Bahnhof
4 St-Petri-Kirche
5 St-Jacobi-Kirche
6 Gustav-Mahler-Park
7 Park: Kleine Wallanlagen
8 Park: Große Wallanlagen
Post
Kino
Schwimmbad
Schule
Kaufhaus
Einkaufspassage
Sportzentrum

5 A: Was ist in F7?

B: ✱ Das ist eine Schule.

B: ● Das ist **eine** Schule. **Die** Schule ist in der Hermannstraße.

Blatt 5B ✱/ 5B ●

Hamburg

SPEZIAL!

Hamburg

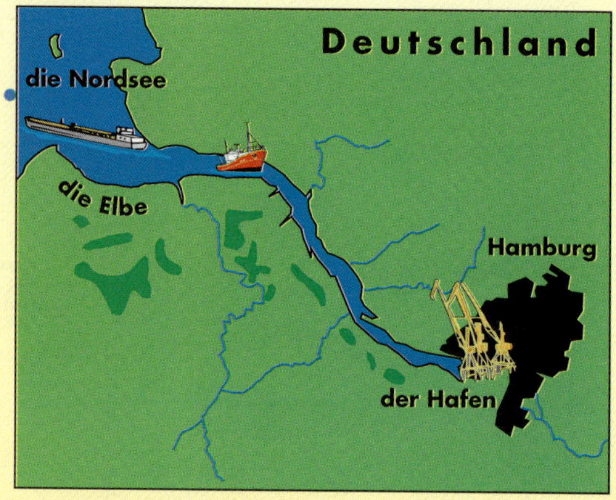

Hamburg liegt im Nordwesten von Deutschland. Mit rund 1.6 Millionen Einwohnern ist Hamburg Deutschlands zweitgrößte Stadt.

Hamburg liegt an der Elbe, 100 Kilometer von der Nordsee. Aber Hamburg ist ein großer, internationaler Seehafen.

Hafenrundfahrten

Im Hafen sieht man Schiffe aus allen Ländern der Welt.

1. April - 14. September
Mo - Sa 9 - 18 Uhr
So 8.30 - 18 Uhr
alle dreißig Minuten.
Preise:
Erwachsene DM 15
Kinder 4 - 14 DM 7,50

der Fernsehturm

Der Hamburger Fernsehturm ist 271 Meter hoch. Oben ist ein Restaurant.

Panorama-Kanzel (9-1 Uhr)
Diskothek (20-1 Uhr)
Restaurant (9-23 Uhr)

U U-Bahnstation: Messehallen

der Zoo

Hagenbecks Tierpark ist ein sehr großer Zoo. Hier gibt es Tiger, Elefanten, Giraffen, etc., aber auch tropische Fische und Insekten.

Täglich ab 8 Uhr. Eintritt:
Erwachsene 15 DM, Kinder 7,50 DM.
Delphinarium
Erw. 3,00 DM, Ki 1,50 DM.

U U-Bahnstation: Hagenbecks Tierpark

der Fischmarkt

Von Januar bis Dezember findet jeden Sonntag der Hamburger Fischmarkt statt. Hier kann man natürlich frischen Fisch kaufen. Aber nicht nur Fisch. Hier gibt es auch Obst, Gemüse – und Kleintiere!

U U-Bahnstation: Landungsbrücken

Fischers Fritz fischt frische Fische. Frische Fische fischt Fischers Fritz.

1 Schau ins Wörterbuch.
Wie heißt es auf Englisch?

a	zweitgrößte	**f**	Tierpark
b	Nordsee	**g**	Eintritt
c	Hafenrundfahrt	**h**	Fischmarkt
d	Erwachsene	**i**	Obst
e	Fernsehturm	**j**	Gemüse

2 Choose two places in Hamburg.
Write information about them in English for a friend who speaks no German.

Aus der Trick-Kiste
Doppelwörter im Wörterbuch.

- **U-Bahn** *f* underground railway; ~ **station** *f* underground station

~ = das erste Wort
~ station = U-Bahnstation

- **See** *f* sea **Hafen** *m* harbour, port

der Seehafen = harbour for sea-going ships

das Wörterbuch = *dictionary*

C Wir beginnen um sieben Uhr

Was ist richtig? Die Pause ist… **(a)** um 9.15 Uhr **(b)** um 9.50 Uhr

1 Spiel: 1-60

2 Die Information ist falsch!
Hör zu. Schreib die richtige Information auf.
Beispiel: Rom – 09.50

Rom	08.30
Paris	10.55
Brüssel	11.25
Amsterdam	13.10
Moskau	15.05
Kopenhagen	17.40

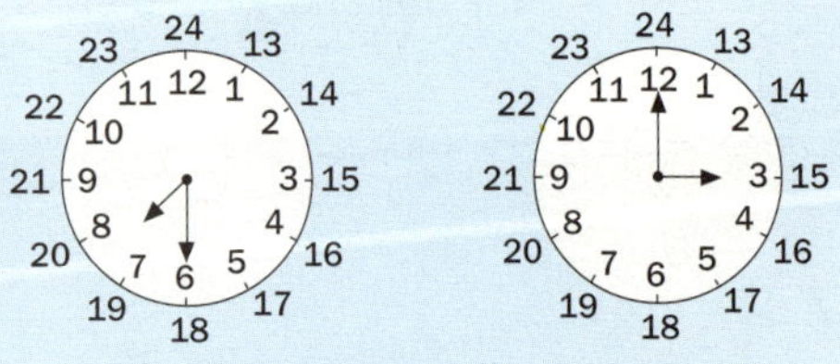

Wir beginnen **um** sieben Uhr dreißig.
Wir arbeiten **bis** fünfzehn Uhr.

weniger = *less* **mehr** = *more*

Blatt 5C ✱/ 5C ●

Grammatik: ich – wir

ich hab**e**	ich beginn**e**	ich spiel**e**	ich arbeit**?**
wir hab**en**	wir beginn**en**	wir spiel**?**	wir arbeit**en**

3 ✱ Beschreibe deine Klasse:
Wir wohn__ in....
Wir komm__ aus... (*England, Indien, ...*)
Wir spiel__ (*Fußball, ...*)
Am Montag hab__ wir (*Mathe, ...*)

✱ ● + und deine Routine:

Ich beginn__ um ...Uhr...
Ich hab__ eine Pause um ...Uhr...
Ich arbeit__ bis ...Uhr...
Ich spiel__ (*am Computer, ...*)

4 Brief **a** = Foto **1** oder **2**? Brief **b** = Foto **1** oder **2**?

a

Meine Schule heißt St-Thomas-Schule. Sie ist toll.

Wir beginnen um acht Uhr fünfzig. Wir haben eine Pause von zehn Uhr fünfundvierzig bis elf Uhr.

Die Mittagspause ist von zwölf Uhr vierzig bis dreizehn Uhr vierzig. Wir spielen Fußball oder treffen Freunde.

Wir arbeiten jeden Tag bis fünfzehn Uhr.

b

Meine Schule heißt St-Thomas-Schule. Ich mag die Schule.

Wir beginnen um acht Uhr, und wir haben eine Pause von 9.30 Uhr bis 9.45 Uhr.

Dann haben wir bis 10.30 Uhr Schule. Wir haben eine zweite Pause von 10.30 Uhr bis 11 Uhr. Ich esse Chips und ich trinke Orangensaft.

Normalerweise haben wir bis dreizehn Uhr fünfzehn Schule, aber am Mittwoch arbeiten wir bis zwölf Uhr. Mein Lieblingsfach ist Biologie.

Nach der Schule spiele ich am Computer.

1

2

5 Beschreibe deine Routine in der Schule.

Beispiel:

Meine Schule heißt ...
Wir beginnen um...

beschreibe = *describe*

D Meine tägliche Routine

Was meinst du: was ist in dem Paket? **(a)** Dokumente? **(b)** Fotos? **(c)** Haargel?
(Antwort auf Seite 66!)

1 Frau Neumanns Routine. Was passt zusammen?
Beispiel: **3** Wann stehen Sie auf? **a** Ich stehe um sechs Uhr auf.

a Ich stehe um sechs Uhr auf.

b Ich frühstücke um sechs Uhr fünzehn.

c Ich verlasse das Haus um sechs Uhr vierzig.

d Ich fahre mit dem Rad (manchmal mit dem Bus oder mit dem Auto).

e Manchmal gehe ich zu Fuß.

f Ich esse um elf Uhr fünfzig zu Mittag.

g Ich esse um neunzehn Uhr zu Abend.

h Ich gehe um dreiundzwanzig Uhr ins Bett.

1 Gehen Sie manchmal zu Fuß?
2 Wann verlassen Sie das Haus?
3 Wann stehen Sie auf?
4 Wann frühstücken Sie?
5 Wann essen Sie zu Abend?
6 Wann gehen Sie ins Bett?
7 Wann essen Sie zu Mittag?
8 Wie kommen Sie in die Fabrik?

2 Hör zu (1-10).
Spricht Claudia mit Markus (M) oder Frau Neumann (FN)?
(FN ist die Englischlehrerin.)
Beispiel: **1** FN

Grammatik: du/Sie

to a young person	**du**	Wo wohnst **du**? Spielst **du** Golf?
to an adult	**Sie**	Wo wohnen **Sie**? Spielen **Sie** Golf?

was meinst du = *what do you think?* **spricht mit** = *is talking with*

3 Schreib in dein Heft:
- fünf Fragen an Markus (mit **du**),
- fünf Fragen an Frau Neumann (mit **Sie**):

1 Name? (heiß_)
2 Adresse? (wohn_)
3 Sport? (spiel_)
4 Musik? (hör_)
5 Schwimmen? (geh_)

Beispiel:

Markus	**Frau Neumann**
1 Wie heißt du?	**1** Wie heißen…
2 Wo wohnst…	**2**
3 Spielst du…	**3**

sie = she
Sie = you

Grammatik: ich, du, er/sie, wir, Sie

ich	spiel**e**	ich	geh**e**	ich	steh**?** auf
du	spiel**st**	du	geh**?**	du	steh**st** auf
er/sie	spiel**t**	er/sie	geh**t**	er/sie	steh**?** auf
wir	spiel**en**	wir	geh**?**	wir	steh**en** auf
Sie	spiel**en**	Sie	geh**en**	Sie	steh**?** auf

⚠

ich esse	ich sehe	ich fahre	ich verlasse
du **i**sst	du s**ie**hst	du f**ä**hrst	du verl**ä**sst
er/sie **i**sst	er/sie s**ie**ht	er/sie f**ä**hrt	er/sie verl**ä**sst

Aus der Trick-Kiste
Lerne die Endungen auswendig!

4 Wieviele Sätze kannst du schreiben?

ich
du
er
sie
wir
Sie

isst
verlassen
stehen
gehst
fahren
stehst
frühstücke
verlasse
frühstückst
fährt
essen
geht
sehe

fern
ins Bett
das Haus
um sieben Uhr auf
um sieben Uhr zehn
mit dem Rad
zu Abend

Blatt 5D ✱/ 5D ●

5 **a** Interviewe deinen/deine Lieblingsstar.

A Wo wohnen Sie?

Ich wohne in Hollywood. **B**

A Wann stehen Sie auf?

b ✱ Schreib ein Magazin-Interview.
Beispiel:
▶ Claudia Schiffer, wo wohnen Sie?
■ Ich wohne in Hollywood.

● Schreib ein Magazin-Artikel.
Beispiel:
Claudia Schiffer wohnt in Hollywood.
Sie steht um neun Uhr auf…

auswendig = *by heart* **wieviele** = *how many*

SPEZIAL!

Weihnachten in Deutschland

Julia beschreibt Weihnachten in ihrer Familie:

Am 24. Dezember arbeiten mein Vater und meine Mutter bis Mittag. Dann kommen sie nach Hause. Auf dem Marktplatz ist Weihnachtsmarkt. Hier kann man die letzten Geschenke kaufen.

Um achtzehn Uhr sitzt die Familie vor dem Weihnachtsbaum. Wir singen zum Beispiel *Stille Nacht, heilige Nacht*. Dann machen wir die Geschenke auf!

Wir essen Weihnachtsgebäck. Meine Tante Gerda macht zwölf Sorten Gebäck! Wir essen auch Stollen.

Um Mitternacht (00.00 Uhr) gehen wir in die Kirche. Manchmal schneit es! Es ist sehr schön. Wir gehen um zwei Uhr ins Bett.

Am 25. Dezember stehen wir um zehn oder elf Uhr auf. Wir essen bei Grossmutter Mittag.

1 Write four things about Christmas which are different in Germany than in your country. Then write four things which are similar.

Spaß mit Wörtern!

1

Aus der Trick-Kiste

So kannst du Sätze lernen:

Deine Routine

- Du sprichst die Fragen auf Kassette.
- Du spielst die Kassette.
- Du hörst die Fragen und du sagst die Antworten.

Übe die Sätze für deine Routine mit einer Kassette!

2 **a** Was passt zusammen? Kannst du fünfzehn Sätze schreiben?
Beispiel: Ich gehe in die Stadt.

b Ein Wort passt überhaupt nicht. Welches Wort?

Ich gehe…
Ich spiele…
Ich lese…
Ich fahre…
Ich verlasse…

am Computer, Federball, Comics, die Schule, zu Fuß, Gitarre, mit dem Rad, Angeln, das Haus, schwimmen, Kekse, Bücher, Magazine, mit dem Bus, in die Stadt, Fußball

3 **Rätsel: Was ist Thomas Hobby?**

- Sieh dir die Bilder an.
  Schreib die Wörter auf.
- Die ersten Buchstaben von den 6 Wörtern = Thomas Hobby (Anagramm).

4 Zehn Stadt-Wörter

Beispiel:

✷ **A** schreibt: das R _ _ _ _ _ s
B schreibt: das Rathaus
the town hall

● **A** schreibt: d__ R________s
B schreibt: das Rathaus
the town hall

Mach weiter so mit 10 Wörtern!

übe = *practise* **das Rätsel** = *puzzle* **mach weiter so** = *do more of these*

LEKTION 6

Tiere sind Freunde!

A Ich habe einen Hamster

Haustiere

1 a Was ist das?

Beispiel: der Goldfisch

1 Er ist orange.
2 Sie ist grau.
3 Es ist schwarz.

Grammatik: er, sie, es

Maskulinum	Femininum	Neutrum
der Hund **er** ist braun **er** = **he** or **it**	**die** Katze **sie** ist weiß **sie** = **she** or **it**	**das** Kaninchen **es** ist grau **es** = **it**

b **A** Er ist blau und gelb.   Der Wellensittich. **B**

2 Hör zu (1-6). Deutsche Schüler beschreiben ihre Haustiere.
✱ Schreib das Tier/die Tiere in dein Heft.
● ✱ + Schreib noch andere Informationen auf.

Grammatik: (der) ein → ein<u>en</u>

Maskulinum (der)	Neutrum (das)
ein Hund – ich habe ein**en** Hund ein Fisch – ich habe **?** Fisch	ein Kaninchen – ich habe ein Kaninchen ein Meerschweinchen – ich habe **?** Meerschweinchen

3 Spiel! A schreibt drei Tiere auf.
B darf sechsmal raten.
A antwortet 'Ja' oder 'Nein'.

B Hast du einen Hund?

Nein. **A**

Beispiel:

1 Katze
2 Maus
3 Wellensittich

Blatt 6A ✱/ 6A ●

4 Briefe aus dem Magazin *Tiere*.
Schreib die Sätze auf Deutsch in dein Heft:

1 I haven't got a pet.
2 I have a fish. It's small and yellow.
3 I like dogs.
4 I think cats are stupid.
5 I've also got a rabbit. It's quite big.
6 Dogs are friendly and funny.

Hallo,
Ich habe einen Fisch. Er ist klein und gelb, und er heißt Goldi. Er ist zwei Jahre alt.
Ich habe auch ein Kaninchen. Es ist ziemlich groß, aber es ist nicht sehr intelligent!
Caroline

Hallo!
Ich habe kein Haustier, aber ich mag Hunde. Mein Lieblingstier ist der Hund. Hunde sind freundlich und lustig. Aber ich finde, Katzen sind doof.
Christoph

5 Hast du ein Haustier? Beschreibe dein(e) Tier(e).
Magst du Tiere? Welche?

ihre = *their* **darf sechsmal raten** = *may guess six times* **welche?** = *which?*

B Das Sweatshirt ist toll

Mag Claudia den Bikini? Mag Markus die Shorts?

1 Welche Buchstaben fehlen?

Beispiel: **A** (1 'D' und 'S'.) (Ja, die Badehose.) **B**

1 die Ba_eho_e	**2** der Bi_in_	**3** die S_o_ts
4 d_ _ T-_hir_	**5** das _adea_zug	**6** d_ _ Tr_inings_huhe
7 der _el_	**8** der _kian_u_	**9** die Han_sch_h_

Sportbekleidung = *sportswear* **welche** = *which* **fehlen** = *are missing*

2 Lotto!

- Schreib vier Wörter für Bekleidung in dein Heft.
- Hör zu. Hörst du deine Wörter? Mach einen Haken (✓).
- Hast du vier Haken? Sag 'Lotto!'.

Du hörst **zwei** Lotto-Spiele.

3 Schau ins Glossar. Ergänze die Tabelle.

Meinungen – *opinions*	
positiv	**negativ**
super	

super altmodisch toll modisch scheußlich furchtbar cool schön doof

Grammatik: Akkusativ; sie *(they)*

Mask. (der)	Fem. (die)	Neut. (das)	Plural (die)
ich mag de**n** Helm er ist toll	ich mag die Badehose sie ist toll	ich mag das T-shirt es ist toll	ich mag die Schuhe **sie** sind toll
⚠ sie = she or they; Sie = you			

4 Hör zu. Du hörst die Meinung von...?
Beispiel: 1 Ulrike
(Du hörst: Der Badeanzug ist scheußlich!)

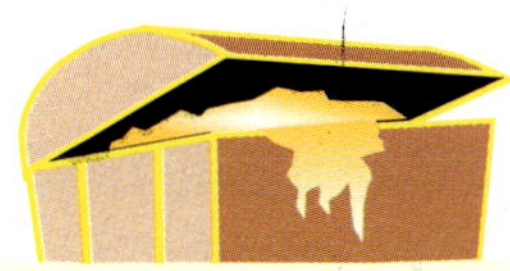

Aus der Trick-Kiste
'Der Badeanzug ist scheußlich' = 'Ich mag den Badeanzug nicht'. Zwei alternative Sätze – **eine** Meinung!

Der Helm ist super. — Karin

Ich mag den Badeanzug. — Sonja

Die Trainingsschuhe sind toll. — Meike

Ich mag den Helm überhaupt nicht! — Petra

Ich mag den Badeanzug nicht. — Ulrike

Die Trainingsschuhe sind furchtbar. — Iris

Blatt 6B ✱/ 6B ●

5 Diskutiert die Sportbekleidung im Bild auf Seite 68.
Beispiel:

A Ich mag den Skianzug überhaupt nicht. Er ist altmodisch.

B Ich mag den Skianzug. Er ist toll!

ergänze = *complete* **die Meinung(-en)** = *opinions* **diskutiert** = *discuss*

SPEZIAL!

Was ist das?!

Was ist das, ein Fisch oder eine Banane?
Das ist kein Fisch, keine Banane, das ist...
eine Fischbanane!

Bist du gut in Computer-Technik? Dann kannst du mit einem guten Computer lustige Fotos machen. Die Technik heißt 'Foto-Composing'.

1 Bilder und 'Doppelwörter': was passt zusammen?

a

b

c

d

e

1 Skipapageien

2 der Apfelhelm

3 die Käsemaus

4 Hamsterschuhe

5 die Wursthose

Grammatik: der, die, das in 'Doppelwörtern'

der Käse, die Wurst → <u>die</u> Käse<u>wurst</u>

das Rad, der Helm → <u>der</u> Rad<u>helm</u>

2 Erfinde originelle (doofe) 'Doppelwörter'!

doppel = *double* **erfinde** = *invent*

3 Was passt zusammen: Schatten + Text + Foto?

Schattentiere

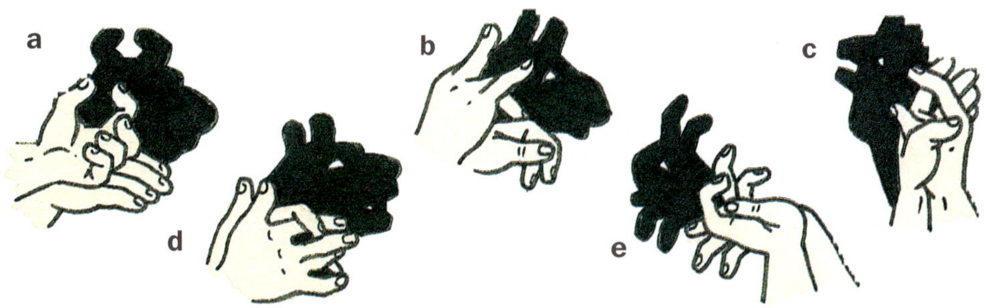

Kannst du weitere Schattentiere erfinden?

1 Diese Tiere sind sehr groß. Sie sind oft braun, schwarz oder weiß. Die Kleinen heißen Fohlen.

2 Dieses Tier ist die größte Katze der Welt. Es lebt zum Beispiel in Indien, Bangladesh und Nepal.

3 Diese Tiere sind oft schwarz und weiß, oder braun. Sie sind groß. Sie fressen Gras, und sie geben uns Milch.

4 Diese kleinen Tiere fressen Salat und Karotten.

5 Diese kleinen Tiere essen Körner und legen Eier.

das Kaninchen

die Kuh

das Pferd

der Tiger

die Henne

4 Was sagen die Tiere?

a Was passt zusammen?

1	**Miau! Miau!**	4	**Uhuuuu!**
2	**Muh!**	5	**Quak! Quak!**
3	**Mäh!**	6	**Kikeriki! Kikeriki!**

b Wie spricht man diese Wörter auf Deutsch aus?

c Hör zu. War es richtig?

a das Schaf

b die Eule

c die Kuh

e der Frosch

d der Hahn

f die Katze

C Ich suche eine Jacke

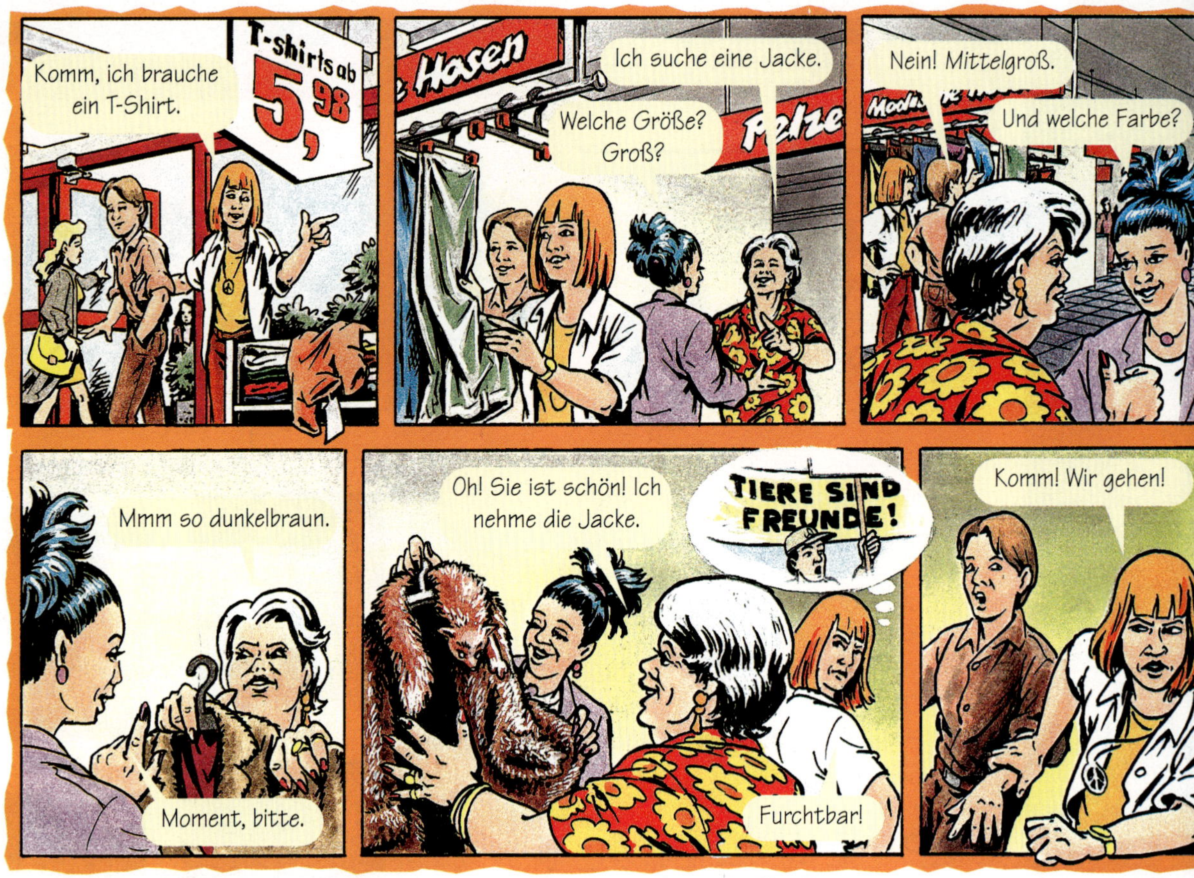

Was ist richtig? **(a)** Claudia mag die Jacke überhaupt nicht **(b)** Claudia findet die Jacke toll.

1

Aus der Trick-Kiste

Deutsch ist logisch!

dunkelbraun **hell**braun

? blau **?** blau

✱ Schreib die Farben auf.
Beispiel **a** dunkelrot

● Schreib Sätze auf.
Beispiel: **a** Der Apfel ist dunkelrot.

2 **a** Wann waren die Hosen modisch?

1967 1977 1981 1991

b Hör zu. Hast du Recht?

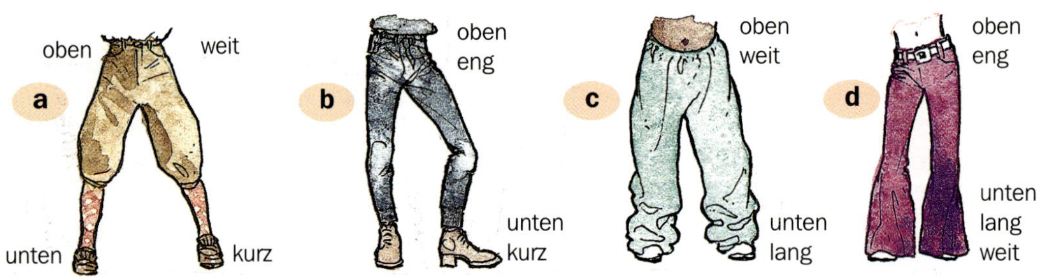

Grammatik: Akkusativ

Verb	+ Akkusativ			
ich habe hast du ich suche Claudia mag	ein**en** d**en**	Helm Skianzug Hund Goldfisch	With **masculine** nouns after verbs ein → ein**en** der → d**en**	Feminine and neuter nouns – no change: Ich habe eine Katze Ich mag das T-Shirt

3 **Bei Saldo** Was suchst du? Schreib Sätze auf.
Beispiel: **1** Ich suche einen Pulli.

1 der Pulli

2 das Hemd

3 die Jeans

4 der Rock

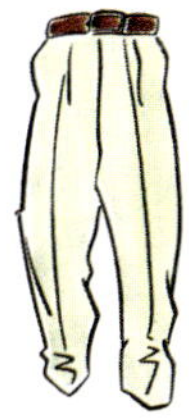

5 die Hose *(Singular)*

6 der Mantel

7 die Mütze

8 die Jacke

4 **a** Hör zu (1-4). Wo endet der Dialog?
Bei **X**, **Y**, oder **Z**?

b Übt den Dialog.

Ich suche einen/eine/ein...

↓

Welche Größe?

↓

klein / mittelgroß / groß / sehr groß

↓

Welche Farbe?

↓

rot / dunkelgrün / hellblau ...

↓

Moment, bitte.
Hier habe ich einen/eine/ein...

↙ ↘

Nein, danke.
Er/sie/es ist zu...
Sie sind zu...
groß / klein /
eng / weit /
lang / kurz
X

Er/sie/es ist schön.
Sie sind schön.
Was kostet er/sie/es?
Was kosten sie?

↓

_____ Mark.

→ Nein, danke. **Y**

→ OK. Ich nehme den/die/das/die ... **Z**

Blatt 6C ✱/ 6C ●

übt = *practise*

D Hast du mal ein Blatt Papier?

1 ✱ Schreib die Sätze in dein Heft: Hast du mal...? Leihst du mir...?

1 eine Schere
2 ein Lineal
3 einen Radiergummi
4 den Kleber
5 ein Blatt Papier
6 einen Stift
7 einen Bleistift

● ✱ + Schreib die Wörter mit **der, die,** oder **das** auf.
Beispiel: Hast du mal **eine** Schere? → **die** Schere

Grammatik: kein

Mask.	Hast du **einen** Stift?	Nein, ich habe **keinen** Stift. *I haven't got a pen (I have no pen).*
Fem.	Hast du **eine** Schere?	Nein, ich habe **keine** Schere. *I haven't got any scissors (I have no scissors).*
Neut.	Hast du **ein** Lineal?	Nein, ich habe **kein** Lineal. *I haven't got a ruler (I have no ruler).*
Plural	Hast du Stifte?	Nein, ich habe **keine** Stifte. *I haven't got any pens (I have no pens).*

2 **a** Spiel! Was ist anders (1-12)?
Beispiel: **1** Jochen hat einen blauen Stift, aber Jonas hat keinen blauen Stift.

b Hör zu. War es richtig?

Jochen

Jonas

Blatt 6D ✱/ 6D ●

3

Tolle Badges, doofe Badges

Du brauchst…

Karton

eine Schere

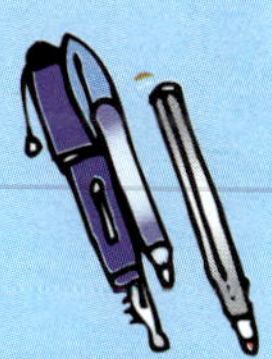

Stifte

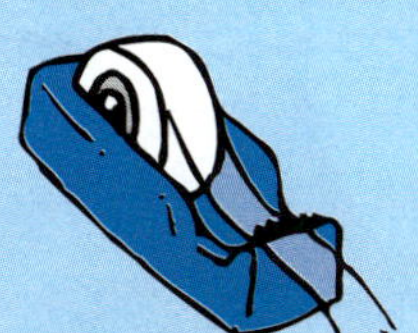

Klebstreifen

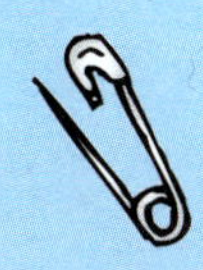

eine Sicherheitsnadel

Anweisungen

- Schneide mit der Schere einen Kreis aus.

- Zeichne ein Bild und schreib die Wörter auf.
  Beispiel:

- Klebe die Sicherheitsnadel auf den Karton.

anders = *different*

Deutsches Geld

1 Schau in die Zeitung oder geh in eine Bank.

a £1 = DM__ ? DM 10 = £___ ?

b Wieviel Geld ist das? *Beispiel:* **a** = ... Pfund.

a

hundert Mark

b

fünfzig Mark

c

zwanzig Mark

d

zehn Mark

e

fünf Mark

f

zwei Mark

g

eine Mark

h

fünfzig Pfennig

i

zehn Pfennig

2 **a** Was passt zusammen?
Beispiel: Haargel – DM 5

b Hör zu. War es richtig?

DM 35 DM 6-10 DM 5 DM 2 99 Pfennig DM 100

3 Amerikanisches Geld
Warum heißt es der 'Dollar'?
Hör zu. Was ist richtig?

The 'dollar' is named after:

a a German man called Herr Dollar
b a German town called Toller
c an old German coin called a 'Thaler'.

die Zeitung = *the newspaper* **wieviel?** = *how much?*

Spaß mit Wörtern!

1

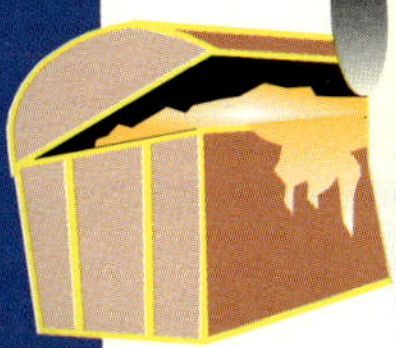

Aus der Trick-Kiste

So kannst du Wörter lernen:

Schreib Wörter in Kategorien in dein Heft:

Beispiel:

klein	*mittelgroß*	*groß*
eine Maus		

Beispiele:

2

a **Rätsel** Welches Wort passt hier nicht?

der Supermarkt
die Kirche
die Drogerie
das Kaufhaus

heiß
scheußlich
sonnig
schön

Äpfel
Bananen
Schinken
Pfirsiche

b Mach drei Rätsel für deinen Partner / deine Partnerin.

3

Spiel!
Wieviele Kleider kennst du?
Schreib die Namen in dein Heft.

Du hast…
✷ vier Minuten!
● drei Minuten!

a Kleider mit Knöpfen

b Kleider mit Reißverschluß

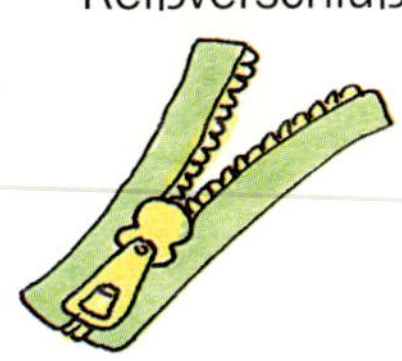

c Kleider mit Ärmeln

d Kleider ohne Knöpfe und Reißverschluß

4

● Schreib diese Wörter im Plural in dein Heft.

Schau ins Glossar!

die Burg
die Kirche
das Kino
die Schule
die Gaststätte
die Straße
das Haus
das Schwimmbad
die Bank
das Café

das Rätsel (-) = *puzzle* **wieviele** = *how many* **kennst du** = *do you know*

LEKTION 7

Mein Haus und meine Familie

A Ich habe einen Garten

Wie findest du Markus: enthusiastisch oder arrogant?

1 Was sind **a** – **e**?
Beispiel: **a** der Dachboden

der Garten
die Nachbarn
der Keller
die Garage
der Dachboden

ganz = *quite*

2 Sieh dir die Karte an. Lies die Briefe.
Wie heißen **a** – **e** auf der Karte?
Beispiel: **a** = Dahlenburg

ein Dorf

eine Stadt

Hallo! Ich wohne in **Röthenbach.** Das ist ein Dorf im Süden von Deutschland.
Rudi

Ich wohne in **Dahlenburg.** Das ist ein Dorf im Norden von Deutschland.
Simone

Hallo! Ich wohne in **Leipzig.** Das ist eine Stadt im Osten von Deutschland.
Judith

Ich wohne in **Frankfurt.** Das ist eine Stadt in der Mitte von Deutschland.
Caroline

Ich wohne in **Köln.** Das ist eine Stadt im Westen von Deutschland.
Bernd

b Hör zu (1-5). Sieh dir die Fotos an.
Welches Haus ist das?
Beispiel: 1 = Caroline (Frankfurt)

Grammatik: you

to a young person:	**du**	Wo wohn**st du**?	to young people:	**ihr**	Wo wohn**t ihr**?
to an adult:	**Sie**	Wo wohn**en Sie**?	to adults:	**Sie**	Wo wohn**en Sie**?

Blatt 7A ✱/ 7A ●

3 **Familien** Frag deinen Partner/deine Partnerin ...

Wo wohnt ihr?
Habt ihr ein Haus oder eine Wohnung?
Habt ihr einen Garten?
Habt ihr einen Dachboden?
Habt ihr eine Garage?
Habt ihr einen Keller?
Habt ihr ein Haustier?
Wie sind die Nachbarn?

B Hier ist meine Mutter

Grammatik: mein *(my)*, dein *(your)*

Maskulinum	Femininum	Neutrum	Plural
mein Vater **dein** Vater	**meine** Mutter **deine** Mutter	**mein** Haus **dein** Haus	**meine** CDs **deine** CDs

1

A Wie heißt dein Bruder?

B Mein Bruder heißt Erich.

Ulrike

ich

Maria

Hopsi

Jochen

Erich

Mizzi

Gero

Eltern = Mutter + Vater
Meine Eltern heißen Ulrike und Jochen.

2

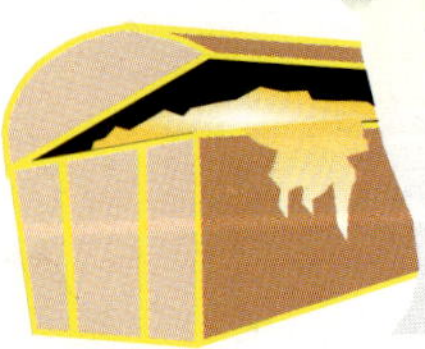

Aus der Trick-Kiste
Deutsch ist logisch!

my **step**-father = mein **Stief**vater
my **half**-sister = meine **Halb**schwester
my step-mother = **?**
my half-brother = **?**

3

Aus der Trick-Kiste

Wie heißt 'two sisters' auf Deutsch?
Schau ins Glossar und schreib auf:
→ Ich habe zwei **Schwestern.**

die **Schwester (-n)** *f* sister

a Schau ins Glossar. Wie heißt es auf Deutsch ..?
1 (Schwester) x 2 **2** (Bruder) x 4 **3** (Cousin) x 5
4 (Tante) x 3 **5** (Onkel) x 2

b Wie heißt 'Cousinen' im Singular? Eine ...

4 **Rätsel!** Wer ist es?

ich bin Einzelkind = ich habe **keine** Geschwister

A Mein Onkel heißt Erich. Ich habe einen Bruder. Rolf und Julia sind meine Eltern.

B Meine Oma heißt Christina und mein Opa heißt Gustav. Ich habe vier Cousinen und zwei Cousins. Ich bin Einzelkind.

C Meine Tante heißt Hildegard. Meine Mutter ist Einzelkind und ich habe keine Cousins. Ich habe drei Schwestern.

Der Stammbaum von Familie Hermann

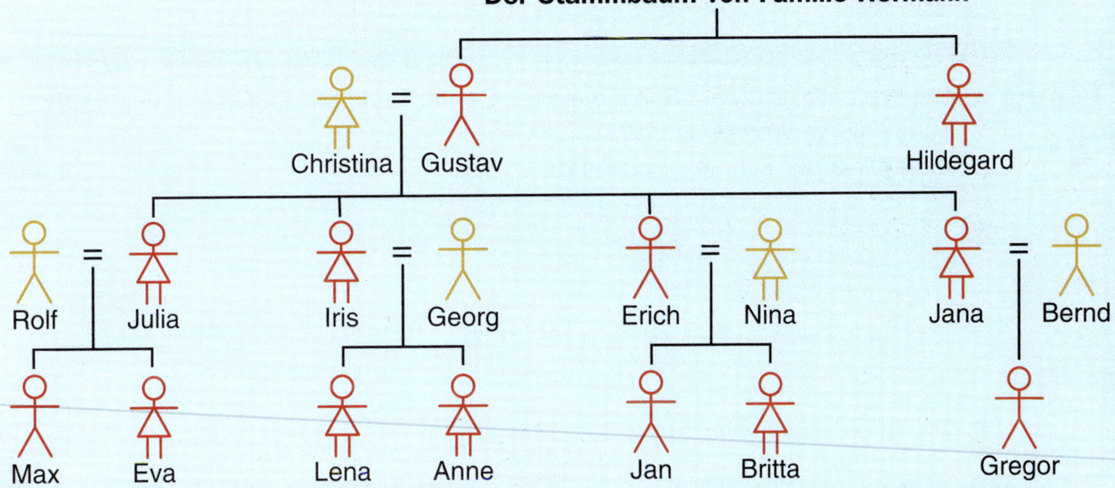

b Hör zu (1-5). Mach Notizen. Wer ist das?

c Das Stammbaumspiel! Wer bin ich?

A Hast du Geschwister?
B Ja, ich habe eine Schwester.
A Wie heißt dein Vater?
B Er heißt ...

Blatt 7B ✱/ 7B ●

mach Notizen = *take notes* wer = *who*

SPEZIAL!

Wie schreiben die Deutschen?

Die Buchstaben

Aa Bb Cc Dd Ee Ff Gg
Hh Ii Jj Kk Ll Mm
Nn Oo Pp Qq Rr Ss Tt
Uu Vv Ww Xx Yy Zz ß

1 Sieh dir die Buchstaben an. Welche Buchstaben sind für dich ein Problem?
Beispiel: J = I und nicht J

2 Kannst du diese Sätze lesen? Schreib sie in dein Heft.

a Wir haben keinen Garten. **b** Der Keller ist groß.

c Ich habe einen Hund. **d** Ich wohne in Hamburg

e Wie heißt 'Stiefmutter' auf Englisch?

3 **a** Diese Wörter sind neu. Schreib sie auf Deutsch und auf Englisch in dein Heft. Schau sie im Wörterbuch nach.
Beispiel: **a** der Schrank – *cupboard*

a Schrank **b** Spiegel **c** Tisch **d** Stereoanlage

e Schlafzimmer **f** Küche **g** Gästezimmer **h** unten

b Hör zu. War es richtig?

Die Ziffer

1 2 3 4 5 6 7 8 9 10

Schreib die Adressen in dein Heft.

Svenja Wiesenberg
Grenzstraße 12
51709 Marienheide

Helmut Overath
Am Kreuzberg 34
36119 Neuhof

Herrn und Frau Rosendahl
Schönstraße 23
81930 München

Ich wohne im Süden von Deutschland. Unser Haus ist sehr groß und sehr schön. Im Sommer haben wir Gäste. Die Gäste kommen oft aus Norddeutschland. Im Juli haben wir Gäste, aber ich muss in die Schule gehen! Das ist nicht fair!
Birgit

Ich wohne in einem modernen Reihenhaus. Es ist fünf Jahre alt. Das Haus ist nicht groß, aber es ist sehr praktisch. Wir haben ein Sportzentrum und einen Supermarkt in der Nähe. Meine Schule ist auch in der Nähe. Das mag ich nicht!
Manuel

Unser Haus ist sehr alt. Es ist aus Backstein. Ich wohne im Norden von Deutschland, östlich von der Elbe. Bis 1990 war es die DDR, und vieles im Haus war kaputt. Meine Eltern haben das Haus renoviert: jetzt haben wir eine moderne Küche, ein neues Badezimmer, etc.
Gisela

Wir wohnen im sechsten Stock in einem Wohnblock. Die Wohnung ist nicht sehr groß, und wir haben natürlich keinen Garten. Wir haben aber einen großen Balkon. Im Sommer essen wir oft auf dem Balkon. Es ist kühler als in der Wohnung.
Sebastian

5 Hier sind Sätze aus den Texten – aber die Sätze sind nicht richtig! Schreib die Sätze richtig in dein Heft.

Birgit: Ich muss in die Stadt gehen. Das ist nicht weit.
Manuel: Das Haus ist sehr groß und nicht sehr praktisch.
Gisela: Jetzt haben wir eine kleine Küche, ein altes Badezimmer, etc.
Sebastian: Im Winter tanzen wir oft auf dem Balkon. Es ist schöner als im Bad.

C Markus Zimmer

1 Hör zu. Richtig oder falsch?
Beispiel: **1** Falsch (Du hörst: Markus hat **zwei** Tische.)

2 **A** Ich sehe etwas mit ... 'K'
die Kommode? **B**
A Nein.
Kekse? **B**
A Ja.

die Kommode (-n)

3 **a** **Anagramme** Schreib die Sätze auf.
Beispiel: **1** ich habe ein Bett

1 ich habe ein Tteb
2 ich habe einen Uhlst
3 ich habe keinen Dordevikerore
4 ich habe einen Isthc
5 ich habe eine Plame
6 ich habe kein Benwackesch
7 ich habe kein Domme
8 ich habe keinen Gelpies
9 ich habe einen Serenfehr

b Mach Anagramme für deinen Partner/deine Partnerin.

4 Spiel: Was ist das?

A Was ist das?

B Ist es ein Tisch?

A Nein.

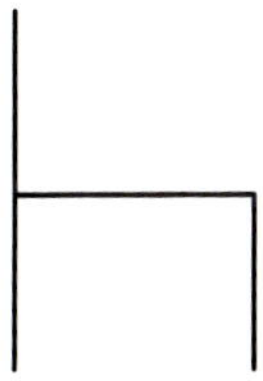

B Ist es ein Stuhl?

A Nein.

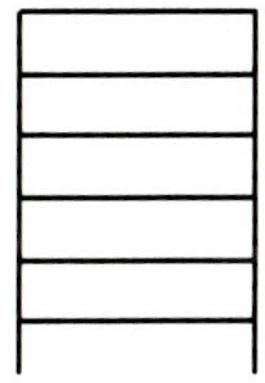

B Ist es eine Kommode?

A Ja! Richtig.

Blatt 7C ✱/ 7C ●

5 Sieh dir die Bilder **a – c** an.
Welches ist Tanjas Zimmer?

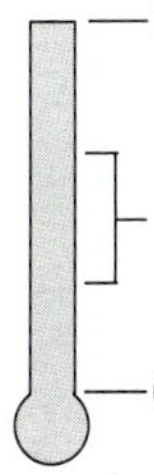

Tanja Kadorka: Mein Zimmer

Mein Zimmer ist ziemlich groß
und überhaupt nicht ordentlich!
Es ist immer chaotisch!
Das Zimmer ist blau und gelb
(aber ich hasse die Farben!).
Ich habe ein Bett und zwei Stühle.
Ich habe auch einen Tisch und eine Lampe.
Mein Kleiderschrank ist groß und modern
und meine Kommode ist weiß und grau.
Sie sind sehr schön.
Ich mag Musik und habe eine
Stereoanlage. Ich habe auch einen Fernseher.
Meine Schwester heißt Silvia.
Silvias Zimmer ist nie chaotisch.
Es ist sehr ordentlich und sehr schön,
aber ziemlich klein.

a

b

c

6 Beschreibe dein Zimmer.

- Ist es immer ordentlich?
- Welche Farbe hat es?
- Was hast du? ...

⚠ Maskulinum:
Tisch *(m)*, Stuhl *(m)*, Fernseher *(m)*, etc ...
→ Ich habe ein**en** Tisch.

D Wo ist die Toilette, bitte?

Wieviele Zimmer hat Markus Haus?

1 Welches Zimmer ist das?
Beispiel: **1** Das ist das Esszimmer.

a b c d e f g

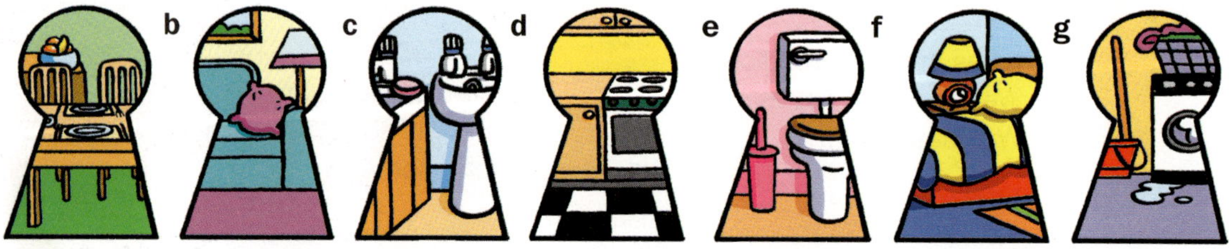

2 **A** spielt Markus, **B** gibt Kommentare.
Beispiel:

A: Hier ist Claras Zimmer.

B: ✷ Das Zimmer ist schön.

B: ● Es ist schön.

Blatt 7D ✷/ 7D ●

3 **a** Lies die Annoncen.
Verstehst du: *Zi Kü Bad WC Ga ZKB?*
Beispiel: Zi = das Zimmer

Wohnungsmarkt

A Stadtmitte. 2 Zi, Ku, Bad, WC. Vierten Stock, kein Lift. ☎ 88 51 34

B Moderne Terrassenwohnung. 4 Zi, Essküche, Bad, WC, Terrasse + Ga. ☎ 42 75 23

C 3-Zimmer-Wohnung, ruhig, moderne Küche, Bad, WC, Nähe Park. Lift. Zentralheizung. ☎ 78 21 02

D Haus zu vermieten, 5 Zi, Komplettküche, großes Bad, WC, Keller, Garten. Miete DM 900, – ☎ 42 75 05

E 60m² Wohnung, 3 ZKB + Balkon. Miete DM 450, – kalt. ☎ 05 21 93

b Hör zu (1-4).
✷ Welche Annonce ist es?
● ✷ + Schreib noch andere Informationen auf.

Aus der Trick-Kiste
4 Personen, aber **5** Annoncen
Eine Annonce ist zu viel!

4 ✷ Mach einen Plan von deinem Haus.
Beispiel:

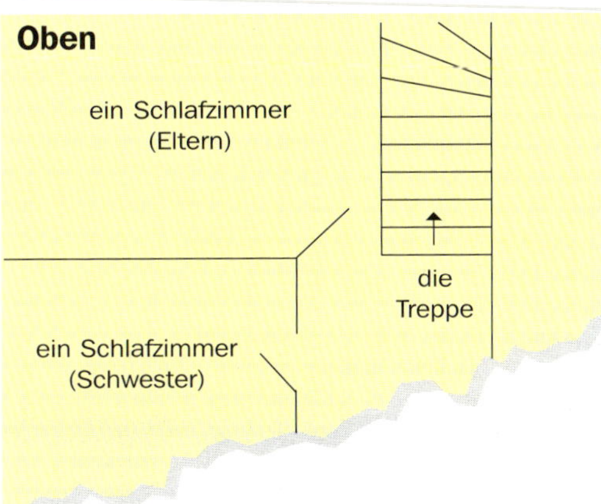

● ✷ + Beschreibe dein Haus.
Beispiel:

Mein Haus
Mein Haus ist ziemlich groß.
Unten haben wir ein Esszimmer und

Grammatik

⚠ Wir haben ein / eine / ein**en** ...

⚠ Unten / oben **haben wir** ...

der Kommentar (-e) = *comment* die Annonce (-n) = *small ad (in newspaper)*

SPEZIAL!

Ich wohne in einer Wohnung

Viele Deutsche wohnen in Wohnungen. Andreas beschreibt seine Wohnung.

Ich wohne mit meiner Familie in einer Wohnung im vierten Stock. Wir haben ein Wohnzimmer mit Essecke, mein Zimmer, das Zimmer von meinen Eltern und ein Gästezimmer. Wir haben eine Küche, ein Badezimmer und ein Klo (WC). Die Zimmer sind ziemlich groß.

Auf dem Balkon haben wir im Sommer Rosen und Geranien. Aber wir haben keinen Garten. Das ist toll: Gartenarbeit ist soooo langweilig!

Wir haben eine Hausordnung. Sie ist streng. Ich darf zum Beispiel von zwölf bis zwei Uhr nachmittags meine Bass-Gitarre nicht spielen!

Hausordnung

Von 12 Uhr bis 14 Uhr, und nach 22 Uhr, bitten wir um Ruhe:

- kein Hämmern, keine Do-it-yourself-Arbeit in der Wohnung,
- keine Musik, keine lauten Radios,
- keine Musikinstrumente spielen,
- kein Bad nehmen

Wir haben einen Keller. Im Keller habe ich zum Beispiel mein Rad. Wenn ich Rad fahren will, muss ich mein Rad aus dem Keller holen. Ich bringe mein Rad im Lift hoch!

1 Imagine you spend a few days with Andreas.
Write notes about what strikes you about his flat and life in it.

Spaß mit Wörtern!

1

Aus der Trick-Kiste
So kannst du Wörter lernen:

Mach Wörter-Sonnen: 'Familie' und 'Haus'
✸ mit den 13 Wörtern rechts →
● mit den Wörtern rechts, und 5 extra Wörtern.

Beispiel:

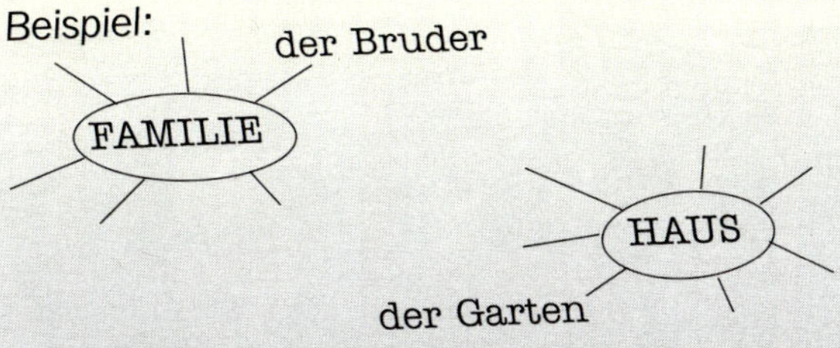

der Bruder
der Garten
die Oma
das Esszimmer
die Garage
der Stiefvater
die Küche
der Cousin
die Mutter
der Schrank
das Badezimmer
die Halbschwester
der Keller

2 **Rätsel** Wieviele Möbel findest du?
Beispiel: Tisch (Wohnung ≠ Möbel)

WOHNU NGTIS CHMOD ERNKOMM ODEST UHLKLE INUNTEN
ORDE NTLI CHLAM PEKLEI DERSCHR ANKIMM ERSPIE GEL

3 Bekleidung für Männer und Frauen
Schreib die Wörter für Bekleidung in zwei Kreisen in dein Heft.
Beispiel:

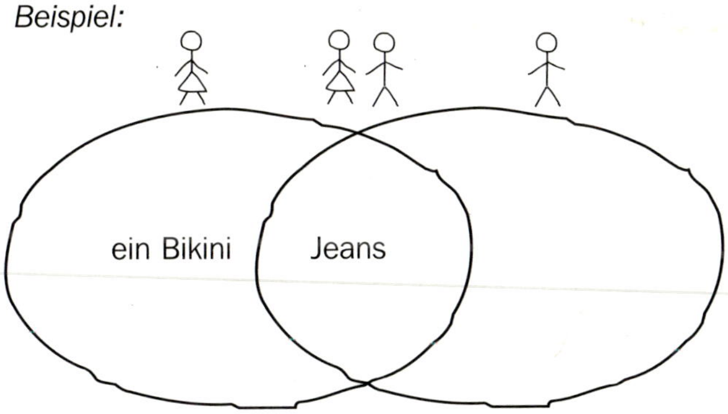

4 ● **a** Der, die oder das? Wieviele Wörter kannst du in zwei Minuten schreiben?

der	die	das

b Checke deine Listen. Sind sie richtig?

die Bekleidung = *clothing*   wieviele? = *how many?*
die Möbel (*pl*) = *furniture*   der Kreis (e) = *circle*

LEKTION 8

Was brauchen wir hier?

A Ein Supermarkt? Nein danke!

1 es gibt = ? **(a)** there is **(b)** there gives **2** in der Nähe = ? **(a)** nearby **(b)** in the know

1 Kannst du raten?

a Schreib die Wörter in dein Heft.
Beispiel: **a** = die Konditorei

b Check die Wörter im Glossar.

a  **b**  **c** 

die Bäckerei
der Sportplatz
die Konditorei

d  **e**  **f** 

der Getränkeladen
die Apotheke
der Spielplatz

g  **h**  **i** 

der Computerladen
die Metzgerei
der Markt

j  **k**  **l** 

die Buchhandlung
der Fotoladen
der Obst- und Gemüseladen

c Deckt die Wörter zu.

A: Was ist Bild F?
B: Das ist der Getränkeladen.

raten = *guess* **deckt ... zu** = *cover*

Grammatik: Verben + Akkusativ

der Fotoladen	(there is)	es gibt	ein**en**	Fotoladen
die Metzgerei	(we need)	wir brauchen	eine	Metzgerei
das Kino	(we have)	wir haben	ein	Kino

2 **Das 3-Buchstaben-Spiel!**

A: Es gibt einen S-P-l in der Nähe.

B: Es gibt einen Spielplatz in der Nähe.

3 Hör zu. Hier sind vier Dörfer: **1** Lauendorf **2** Mühlheim **3** Büsingen **4** Biburg
Welche Dörfer haben **alle vier** Läden?

Blatt 8A ✱/ 8A ●

4 Was gibt es bei dir in der Nähe?

✱ Es gibt einen/eine/ein ...

✱ ● + Es gibt keinen/keine/kein

das Dorf (¨er) = *village* **diese** = *these* **bei dir** = *where you live*
welche = *which* **alle** = *all*

B Ich gehe oft in die Diskothek

1 **a** Sieh dir den Stadtplan an.
Rätsel Was passt zusammen?
Beispiel: **a** das Schwimmbad

Problem?
Schau ins Wörterbuch.

a Hier gehe ich schwimmen.

b 

c Hier lese ich Bücher.

d Hier treffe ich Freunde.

e Hier gehe ich tanzen.

f Hier gehe ich kegeln.

g Hier leihe ich mir Videos aus.

h 

i Hier sehe ich Konzerte und Theaterstücke.

j Hier sehe ich Filme.

b Hör zu (1-5).
Wohin gehst du?
Beispiel: 1 das Kino.

c

A Entschuldigen Sie, bitte. Wo ist das Theater?

B Die erste Straße rechts, und dann die zweite Straße links.

wohin? = *where ... to?*

Grammatik: ich gehe in + Akkusativ

der Computerladen	ich gehe in de**n** Computerladen
die Spielhalle	ich gehe in die Spielhalle
das Kino	ich gehe **ins** Kino (ins = in das)

2 Seht euch den Stadtplan auf Seite 92 an.

A: Die erste Straße rechts, und dann die erste Straße links.

B: ✱ Das ist der Jugendklub.

● Du gehst **in den** Jugendklub.

3 Quiz Du hörst Sound-Effekte. Wohin gehen wir? *Beispiel:* Wir gehen in ...

4

Ich wohne in Röthenbach.
Das ist ein Dorf im Süden von Deutschland.
Ich finde, es ist stinklangweilig hier! Es gibt überhaupt nichts für junge Leute.
Ich mag Videofilme und ich gehe oft in die Videothek. Nach der Schule treffe ich Freunde.
Manchmal fahre ich nach Lindau. In Lindau gibt es viel für junge Leute.
Ich gehe in Konzerte, in die Diskothek und ins Kino.
Ich finde Lindau ist toll.
Bernd

Aus der Trick-Kiste

ich **fahre**

mit dem Bus, mit dem Auto, mit dem Rad ...

ich **gehe**

zu Fuß

a Lies den Brief. Schreib die Sätze auf Deutsch.

1 there's nothing at all for young people
2 I sometimes go to Lindau
3 a lot for young people
4 I go to concerts

b Was ist richtig?

1	Röthenbach ist ...	(a) ein Dorf	(b) eine Stadt.
2	Bernd ...	(a) mag Röthenbach	(b) mag Röthenbach nicht.
3	Lindau ist ...	(a) interessant	(b) langweilig ... für junge Leute.

Blatt 8B ✱/ 8B ●

5 Wohin geht ihr am Wochenende? Am Abend?

A: Gehst do oft ... ins Kino?

Ja, ich gehe oft ins Kino. Und du?

Ich gehe manchmal ins Kino. Und du?

B: Nein, ich gehe nie ins Kino. Und du?

C Man kann hier Basketball spielen

Man kann hier spazieren gehen.

Man kann hier wandern.

Man kann nach Hamburg fahren.

Man kann hier einkaufen gehen.

Man kann hier die Burg besichtigen.

Man kann hier Inline skaten.

Man kann hier Basketball spielen.

Man kann hier reiten gehen.

Man kann hier Rad fahren.

Man kann hier in den Wald gehen.

Das ist alles langweilig!

Oder es kostet zu viel!

Ist der Bürgermeister enthusiastisch? Sind die vier jungen Leute enthusiastisch?

1 Hör zu. Sag das letzte Wort.
Beispiel: Du hörst „Man kann hier einkaufen…“ → du sagst „…gehen“.

Grammatik: Man kann + Infinitiv

Man kann in die Stadt gehen *You can go into town*	When you say what people **can** do, you put the second verb at the **end** of the sentence. The second verb ends in **-en,** eg *spiel**en**, geh**en***. This form of the verb is called the **infinitive**. This is the 'name' of the verb, the form you'll find in the dictionary.
Man kann Fußball **spielen** Man kann ins Kino **?** Man kann Tennis **?**	

2 Schreib acht Sätze.

Man kann	nach Berlin		fahren lesen spielen gehen
	hier	Bücher, in die Stadt, in Konzerte, Federball, ein Magazin, Angeln, Tischtennis	

3 A: Was kann man in Lüneburg machen?
B: Man kann spazieren gehen, man kann …

Südlich von Hamburg									
Lüneburg	✓	✓	✗	✓	✓	✓	✗	✓	✗
Lauenburg	✓	✓	✓	✗	✓	✓	✗	✓	✗
Dömitz	✓	✓	✓	✗	✗	✓	✓	✓	✓
Dannenberg	✓	✓	✗	✓	✓	✓	✗	✓	✗

Blatt 8C ✱/ 8C ●

4 Mach eine Broschüre für deine Stadt / für eine Stadt in der Nähe.

Sieh dir die Broschüre auf Seite 94 an.

das letzte Wort = *the last word*

SPEZIAL!

Neue Trends im Sport

Fußball ist der beliebteste Sport in Deutschland. Aber es gibt auch neue Trends...

Freiluft-Fun Streetball

Streetball – cooler Sport für Kids. Mittlerweile spielen 600 000 Jugendliche in Deutschland Streetball. Das ist gut für Sportartikelfirmen. Die Streetball-Spieler brauchen die richtigen Schuhe, die richtigen Fitness-Getränke, die richtige Musik. Streetball boomt: die Musikindustrie boomt mit.

Beim Adidas-Turnier 1992 in Berlin waren 1600 Streetballer registriert. 1996 waren es 36 000 Streetballer in Turnieren in vielen deutschen Städten.

Die Regeln: Streetball ist Basketball in freier Form. Drei Spieler gegen drei Spieler. Ein Spiel endet, wenn eine Mannschaft 16 Punkte hat – oder nach maximal zwanzig Minuten.

Freiluft-Fun Streetball

Snowboarding

Snowboarden boomt. 1995 gab es in Deutschland 200 000 Snowboarder, 1996 waren es 260 000. Nur fünfzehn Prozent sind älter als 25. Ein Snowboard-Experte meint, im Jahre 2012 gibt es in Deutschland so viele Snowboarder wie Skifahrer.

Dabei sind die Boards nicht gerade billig. Gute Boards kosten zwischen fünf hundert und elfhundert Mark.

Snowboarding

Baseball

So beliebt wie Fußball ist Baseball natürlich nicht. In Deutschland gibt es aber 15000 Baseball-Spieler in vier hundert Klubs. Die Baseball Saison beginnt am ersten April.

Die Ausrüstung

Zum Spielen braucht man eigentlich nur einen Schläger. Ein guter Alu-Schläger kostet um die zwei hundert Mark. Die Handschuhe (aus Leder) kosten zwischen 250 und 400 Mark. Für einen Ball zahlt man ungefähr zehn Mark. Baseball-Profis kaufen auch einen Helm (fünfzig Mark) , eine Baseball-Cap (dreißig Mark) und ein Hemd eines US-Meisterteams (hundert bis hundertfünfzig Mark.)

Baseball

1 What is the significance of the following figures?
Example: **a** 600 000 – the number of people who play Streetball in Germany.

Streetball	**a** 600 000	**b** 1996/36 000	**c** 16/20
Snowboarding	**d** 260 000	**e** 15/25	**f** 500/1100
Baseball	**g** 400	**h** 1st April	

2 Schreib die Preise für die Baseball-Ausrüstung auf.
Beispiel: **a** DM 30

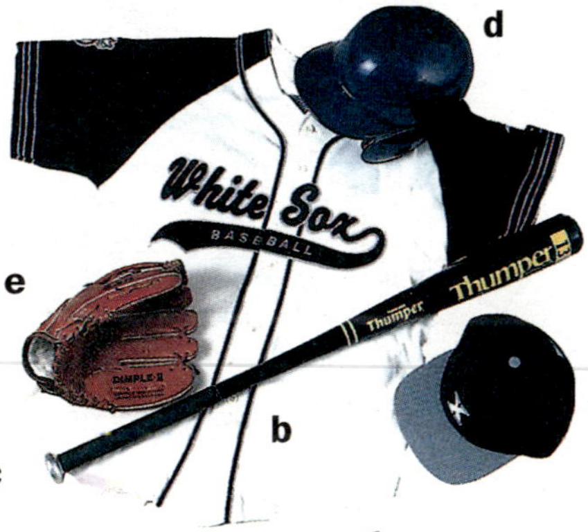

3 Die Schüler in der Willy-Brandt-Schule in München machen Zirkus-Sport in der Schule. Du hörst drei Schüler.

1. In welcher Reihenfolge hörst du: **a** Einradfahren **b** Jonglieren **c** Akrobatik
2. In welcher Reihenfolge hörst du diese Wörter:
   a stabil **b** Kooperation **c** toll **d** zu Hause **e** ich mag **f** Tricks

D Eine gute Idee!

1 Schreib die Gegenteile.
Beispiel: Gute Idee! ≠ Quatsch!

Gute Idee! richtig interessant wir brauchen eine Spielhalle billig in der Nähe du hast Recht

zu teuer zu weit das stimmt nicht langweilig falsch wir brauchen keine Spielhalle Quatsch!

das Gegenteil (-e) = *the opposite*

2 Du hörst Ideen (1-6). Sind die Reaktionen positiv (✓) oder negativ (✗)?
Beispiel: **1 ✓**

3 ✱ Was passt zusammen?
Schreib die Sätze in dein Heft.

1 Das nächste Kino ist 30 km weit weg.
2 Die Busfahrt kostet 20 Mark.
3 Die nächste Diskothek ist 2 km weit weg.
4 Die Busfahrt kostet 2 Mark.

a Das ist billig.
b Das ist in der Nähe.
c Das ist zu teuer.
d Das ist zu weit.

Blatt 8B ✱/ 8B ●

● Schreib zwei Sätze für 1-6.
Beispiel:
1 Die nächste Videothek ist 25 Kilometer weit weg. Das ist zu weit.

1	Videothek	25 km
2	Kino	2 km
3	Busfahrt	25 Mark
4	Bibliothek	30 km
5	Busfahrt	5 Mark
6	Diskothek	4 km

4 Was meint ihr?

Das Kino ist zu teuer.
Geschichte ist langweilig.
Katzen sind toll.
Brüder sind doof.
Das Theater ist ziemlich gut.
Die Schule ist OK.
Die Diskothek ist zu weit weg.
CDs sind billig.
Autos sind interessant.
Klassische Musik ist scheußlich.
Radfahren ist super.
Englisch ist überhaupt nicht interessant!

✱ Diskutiert die Sätze.

Beispiel: **A** Das Kino ist zu teuer. — Quatsch! Das Kino ist billig. **B**

● ✱+ Diskutiert sechs weitere Themen (zB: Mode, Tiere, die Schule).

Beispiel: **A** Mode ist doof. — Du hast Recht. **B**

was meint ihr? = *what do you think?* **diskutiert** = *discuss*
weitere Themen = *further topics*

SPEZIAL!

Wiederholung: Test-Check

Was du machen musst

1 **a** Welche Wörter sind richtig? Schreib Sätze.
Beispiel: **1** Schau ins Glossar.
Schau ins Wörterbuch.

1 Schau ins [Glossar/Buchstaben/Wörterbuch].
2 War es [richtig/Reihenfolge]?
3 Beschreibe [deine Schule/deinen Satz/deine Seite/deine Tiere].
4 Was ist [wieviel/richtig/anders]?
5 [Welches Bild/welches Rätsel/welche Antwort] passt nicht?
6 Ich habe [mein Heft/mein Wörterbuch/meine Schule] vergessen.

b Schreib die richtigen Sätze auf Englisch in dein Heft.

Probleme? → Seite 174-5 (S174-5)

Kein Problem? → Lerne weitere Sätze (S174-5)

Situationen

2 Hör zu (1-10).
✱ Welche Kategorie?
Beispiel: 1 **d** (das Wetter)
● ✱ + Schreib noch andere Informationen auf.

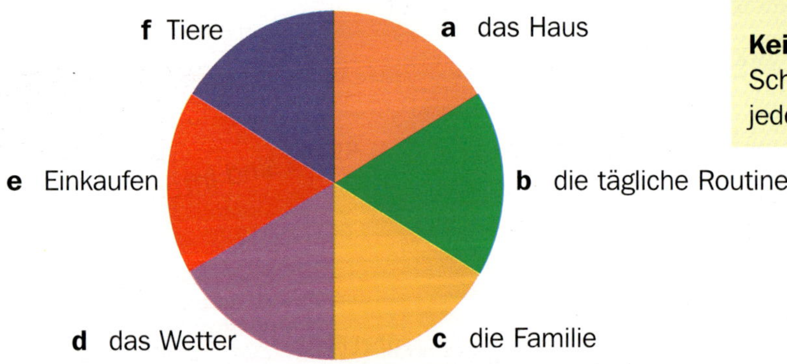

Probleme? →
a S78-9, 84-5, **b** 62-3
c 80-1, **d** S50-1
e S46-7, 72-3 **f** S66-7

Kein Problem? → Schreib einen Satz für jede Situation.

3 Erfindet einen Dialog:

Situation: Thomas und Claudia haben Mathe. Thomas hat keinen Stift, kein Radiergummi, kein Lineal und kein Heft!

Probleme? → S74-5

Kein Problem? → Erfindet Dialoge für die Situationen **a-f** (Übung 2).

lerne = *learn* **weitere** = *further* **jede** = *each* **erfindet** = *invent*

Wörter

4 Das Wort-Spiel

- Ein Schüler / eine Schülerin sagt einen Buchstaben.
- Schreibt ein Wort in jeder Kategorie. Ihr habt **2 Minuten** Zeit!
- Ein Punkt pro Wort.
- Spielt noch mit anderen Buchstaben!

Probleme? → S54-7; 78-9; 84-7; 68-9; 72-3; 80-81; 66-7; 18-19; 42-3

Kein Problem? → Spielt mit anderen Kategorien.

Beispiel:

Buchstabe	die Stadt 	das Haus 	Bekleidung 	Familie und Tiere 	Nummern und Daten 
B	die **B**urg	das **B**adezimmer	der **B**adeanzug	der **B**ruder	

5 Werbe-Spots. Hör zu (1-4).

✸ Du hörst Werbe-Spots für…?
Beispiel: 1 die Spielhalle

● ✸ + Schreib noch andere Informationen auf.

Grammatik

6 Was packt Anna ein?

Beispiel: Sie packt ein**en** Stift, ein Buch…

Probleme? → S2

Kein Problem? → Du fährst zum Wochenende nach Hamburg. Was packst du ein?

1 Punkt = *1 point* **andere** = *other* **der Werbe-Spot** = *advert*
die Bekleidung = *clothing*

LEKTION 9 Das Freizeitzentrum

A Was machst du in deiner Freizeit?

Was gewinnt, der Supermarkt oder das Freizeitzentrum?

1 **a** **Rätsel** Was machen die jungen Leute? Schreib die Sätze richtig.
Beispiel: Sie hören Radio.

1 Sie hör – io - Rad - en.
2 Sie bis – fen – Uhr – sch – elf – la.
3 Sie ort – ben – nen – kei – trei – Sp.
4 Sie fen – Pom – kau – fri – mes – tes.
5 Sie bei – cht – ten – ar – ni.
6 Sie ger – en – Ham – ess – bur.
7 Sie len – spie – ball – Fuß.
8 Sie die – en – dt – geh – in – Sta.
9 Sie Bi – ken – trin – er.
10 Sie Mo – fah – rad – ren – tor.

b Sieh dir die Bilder an. Was passt zusammen?
Beispiel: Satz 1 – Bild f

gewinnt = *wins*

Grammatik: Verben

spielen – to play		
ich	spie**le**	*I play* or *I'm playing*
du	spiel**st**	*you play* or *you're playing*
er/sie	spiel**t**	*he/she plays* or *he/she is playing*
wir	spiel**en**	*we play* or *we're playing*
ihr	spiel**t**	*you play* or *you're playing*
Sie	spiel**en**	*you play* or *you're playing*
sie	spiel**en**	*they play* or *they're playing*

schlafen – to sleep		
	ich	schlafe
⚠	du	schl**ä**fst
⚠	er/sie	schl**ä**ft
	wir	schlafen
	ihr	schlaft
	Sie	schlafen
	sie	schlafen

Most verbs follow the same pattern as *spielen*.

⚠ In some verbs, like *schlafen,* the vowel changes in the *du* and *er/sie* forms.

fahren *(to go, to travel)* – du f**ä**hrst, er f**ä**hrt
verlassen *(to leave)* – du verl**ä**sst, er verl**ä**sst
lesen *(to read)* – du l**ie**st, er l**ie**st
sehen *(to see)* – du s**ie**hst, er s**ie**hst
essen *(to eat)* – du **i**sst, er **i**sst
treffen *(to meet)* – du tr**i**ffst, er tr**i**fft

2 Was machen die jungen Leute in Dahlenburg?
Beispiel: **a** Sie spielen Tennis.

a

b

c

d

e

f

3 **Verb-Spiel** *Beispiel:* ⚁ ⚄ Du hörst Musik.

⚀	ich	⚃	sie
⚁	du	⚄	wir
⚂	er	⚅	sie

⚀	(kaufen) Chips	⚃	(gehen) reiten
⚁	(spielen) Tennis	⚄	(hören) Musik
⚂	(trinken) Cola	⚅	(kommen) aus Wales

Blatt 9A ✱/ 9A ●

4 **Ein Freizeit-Interview**

✱ Was machst du am Wochenende?
Beispiel: **1** Fährst du Motorrad?
Nein, ich fahre Rad.

1 Fährst du Motorrad?
2 Schläfst du am Samstag bis elf Uhr?
3 Gehst du reiten?
4 Treibst du Sport?
5 Isst du manchmal Hamburger?
6 Hast du ein Hobby?

● Was macht deine Familie am Wochenende?
Was machen deine Freunde nach der Schule?

Beispiel:
Meine Eltern...
Meine Freundin Anna und ich, wir...
Mein Freund Simon und ich, wir...

B Wir haben ein Freizeitzentrum!

Welche vier Klubs gibt es im Freizeitzentrum? Es gibt einen...

1 ✱ Hör zu (1-5). Welches Bild ist es?
● ✱ + An welchem Tag?

a 
b 
c 
d 
e 

Grammatik: haben und sein

haben – to have		**sein – to be**	
ich	habe	ich	bin
du	hast	du	bist
er/sie	hat	er/sie	ist
wir	haben	wir	sind
ihr	habt	ihr	seid
Sie	haben	Sie	sind
sie	haben	sie	sind

Zwei Schweizer schwitzen im Freitzeitzentrum.

Blatt 9B ✱/ 9B ●

2

Forststraße 32 (1)
25342 Neuburg (2)

den 12. März

(3) Liebe Anna,

(4) Danke für deinen Brief.

Ich habe viele Interessen.

Am Montag nach der Schule spiele ich Tischtennis. Ich bin im Tischtennisklub, aber ich spiele nicht so gut!

Am Mittwoch gehen Claudia und ich in den Fitnessklub. Ich gehe auch in den Fotoklub mit Thomas, aber ich finde, es ist ziemlich langweilig.

Am Samstagabend haben wir Konzerte oder Diskos. Sie sind wirklich gut.

(5) Schreib bitte bald.

(6) Deine Aylin

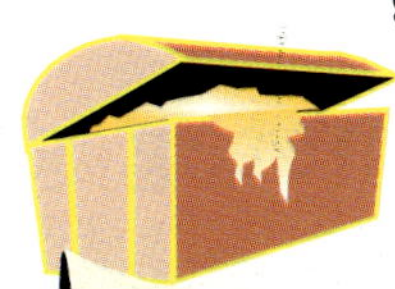

Aus der Trick-Kiste
So kannst du einen Brief schreiben:

1 Adresse

2 Datum

3 Lieb**er** Markus
Lieb**e** Aylin

4 *Thanks for your letter.*

5 Please write soon.

6 Dein
Dein**e**

a Kannst du diese Wörter lesen? Schreib die Wörter auf. (Sieh dir Seite 82 an.)

deinen Ich aber
auch bald

b Richtig, falsch oder nicht im Text?

1 Aylin spielt Ping-pong.
2 Am Dienstag gehen Aylin und Claudia in den Fitnessklub.
3 Aylin mag den Fotoklub.
4 Sie spielt Geige in einem Orchester.
5 Am Samstag geht Aylin oft tanzen.

3 Schreib einen Brief an Aylin oder Markus:
Hast du Hobbys? Bist du in einem Klub? Spielst du ein Instrument?

✱ *Beispiele:*
Ich treibe Sport. Ich spiele...
Ich höre Musik. Ich mag...
Ich bin im ______klub.

● Beispiele:
Am Montag spiele ich...
Ich finde, es ist...
Wir...
Mein Freund...

tanzen = *dancing*

C Am Samstag gibt es ein Konzert

Aus der Trick-Kiste
Was sind: Stunde, Grillfest, Eintritt?
Schau ins Wörterbuch!

1 *Beispiel:*

1 ✱ Das Grillfest ist um 16.30 Uhr aus.
● **Es** ist um 16.30 Uhr aus.

1. Wann ist das Grillfest aus?
2. Wann beginnt die Disko?
3. Wann beginnt die Aerobic-Stunde?
4. Wann ist das Konzert aus?
5. Wann beginnt der Film?
6. Wann beginnt das Fest?
7. Wann ist die Tanzstunde aus?

2 Hör zu (1-8). Ist die Information richtig oder falsch? Schreib die **richtige** Information auf.
Beispiel: falsch – 14.00 Uhr

Grammatik: word order

	Eine Band	kommt	
Am Montag	**kommt**	eine Band	
	Es	gibt	ein Konzert
Im Café	**gibt**	es	ein Konzert

In German you usually mention the time or place first. The verb comes next. The verb is always the second element in the sentence.

3 Schreib Sätze in dein Heft.

✱

1 eine Disko / am Dienstag / gibt

2 es / am Freitag / ein Fest / gibt

3 gibt / eine Aerobic-Stunde / es / am Donnerstag

4 es / im Park / gibt / ein Grillfest

●

1 einen / film / es / am / gibt / Mittwoch

2 ein / um / gibt / Konzert / es / 20 Uhr

3 haben / Deutsch / im / Zimmer 45 / wir

4 am / in / die / gehe / Stadt / ich / Wochenende

4 Fragen und Antworten: was passt zusammen?

1 Was ist am Donnerstag los?

2 Wann beginnt das Konzert?

3 Was kostet der Eintritt?

4 Wie heißt die Band?

5 Wann ist das Konzert aus?

6 Wo ist das Konzert?

a Er kostet 18 DM.

b Sie heißt 'Eisberg'.

c Am Abend gibt es eine Disko.

d Es ist um 23.00 Uhr aus.

e Es ist im Freizeitzentrum.

f Es beginnt um 20.45 Uhr.

5 Seht euch die Information auf Seite 106 an. Stellt Fragen und gebt Antworten.

Beispiel:

A Was ist am Mittwoch los?

B Am Mittwochnachmittag gibt es einen Film.

A Was kostet der Eintritt?

B ✱ Der Eintritt kostet… / ● Er kostet…

Blatt 9C ✱/ 9C ●

SPEZIAL!

Lustige Texte auf Deutsch

1 **a** Read the texts, and look up as few words as possible. Note the words you felt you did have to look up.

b Check with your partner:
- whether you've both understood the main points in each text.
- whether you both looked up the same words.

Aus der Trick-Kiste
- Verstehst du nicht alle Wörter in einem Text? Keine Panik! Du brauchst nicht alle Wörter verstehen!
- Viele neue Wörter = englische Wörter: Organisation, Projekt, etc.

Elefanten-Dung

Eine Tierschutz-Organisation in Kenia hat eine neue Idee. Die Leute kochen Elefanten-Dung, sie trocknen den Dung in der Sonne und sie machen aus dem Dung Papier. Die Tierschutz-Organisation produziert dieses Jahr Karten – aus Elefanten-Dung! Eine gute Idee?

Gut und einfach

Knackige Salate, Interessantes fürs Geburtstagsfest; Mixgetränke; süße Sachen aus Früchten, Eis und Pudding: in diesem Buch findet ihr 45 tolle Rezepte.

Gisela Klosters: *Rezepte für Feste* Singer Verlag; 80 S, 9,90 DM/SFr, 73,- ÖS

Rockstars

Inge spielt Schlagzeug. Ihr Traum: Sie will die beste Drummerin der Welt werden. Das heißt: üben, üben! Ein tolles Buch für Punk- und Rockfreunde.

Ronald Daub: *Inge und die Band*; Singer Verlag, 157S, 21,80 DM/SFr, 171,60 ÖS

Kaninchen-Milch

Die holländische Firma 'Pharming' will mit einem neuen Projekt beginnen. Sie will 200 Kaninchen-Mütter jeden Tag melken. Die Kaninchen-Milch kommt aber nicht in den Supermarkt. Aus der Milch will Pharming ein Medizin (für kranke Muskeln) produzieren.

du brauchst nicht = *you don't need*

Würfel-Rätsel

Nein, nicht sechs Würfel: das ist **ein** Würfel! (Du siehst den Würfel von sechs Seiten.) Wie sieht der Würfel aus? Zeichne ihn in dein Heft.

Mathe-Rätsel

Montagmorgen. Erste Stunde: Mathe. Deine Freundin Anna schläft. Und sie hat ihre Hausaufgaben vergessen! „Anna!" sagt die strenge Mathe-Lehrerin. „Was ist A? Und was sind B, C und D?" Kannst du Anna helfen?

```
  A C 8 3
  1 B A 7
+ D 3 5 1
---------
1 0 7 D 1
```

Namen-Rätsel

Woher kommen Linber Schladdeunt und Wagglos Schladontt?
Tip: 2 Namen = Stadt + Land!

Ich mag Maria. Du auch? 1996 war Maria wieder mal Deutschlands Lieblings-Mädchenname. Bei den Jungen waren aber zwei Namen Nummer Eins auf der Hitliste: im Westen war Alexander Favorit, im Osten von Deutschland war Maximilian der Lieblingsname.

D Im Café

MENU

Schinkenbrot	DM 6,50
Käsebrot	DM 5,50
Bockwurst mit Brot	DM 4,50
Pizza (Stück)	DM 3,80
Schokoladenkuchen	DM 3,50
Apfelkuchen	DM 3,50
Käsekuchen	DM 3,50
Gemischtes Eis (mit Sahne)	DM 3,50
(ohne Sahne)	DM 3,00
Cola	DM 2,80
Limonade	DM 2,20
Spezi	DM 2,50
Apfelsaft	DM 2,50
Tee mit Milch/Zitrone	DM 2,00
Kaffee	DM 2,50
Mineralwasser	DM 1,50

Spezi = Cola + Limonade

Wer hat Hunger? **(a)** der Bürgermeister **(b)** die Freunde

1 a Rätsel Schreib die Wörter richtig in dein Heft.

b Mach vier Rätsel für deinen Partner / deine Partnerin.

2 **a** Hör zu und lies den Dialog. Sieh dir das Bild an: was ist nicht richtig?
Beispiel: Im Dialog – **zweimal** Kaffee; im Bild – **einmal** Kaffee

▶ Bitte schön?

■ Zweimal Kaffee, einmal Cola, dreimal Apfelsaft und einmal Tee, bitte.

▶ Mit Milch oder Zitrone?

■ Mit Milch, bitte.

▶ Und zu essen?

■ Dreimal Käsebrot, einmal Bockwurst mit Brot, zweimal Schokoladenkuchen, und einmal gemischtes Eis.

▶ Mit Sahne?

■ Nein, ohne Sahne.

▶ Ist das alles?

■ Ja, danke.

Dreißig Minuten später…

▶ Ich möchte zahlen, bitte.

■ Das macht 48,30 DM.

b Hör zu (drei Dialoge). Sieh dir die Bilder an. Was ist im Bild nicht richtig?

a

b

c

Blatt 9D ✱/ 9D ●

3 Ihr seid im Café im Freizeitzentrum.
Übt Dialoge wie in Übung 2a.

4 **Minnie Müllers Spezial-Café**

Erfinde lustige Rezepte für Minnie Müller.
Beispiel: Chipskuchen mit Sahne und Fisch!!

übt = *practise* erfinde = *invent* lustig = *funny* das Rezept = *recipe*

SPEZIAL!

Frühstück, Pausenbrot, Mittagessen und Abendessen

Hallo. Ich heiße Christine. Ich wohne in Dahlenburg, in der Nähe von Hamburg.

das Frühstück

Zum Frühstück esse ich Brot oder Toast mit Käse, Honig oder Marmelade. Ich trinke meistens Kaffee, oder heiße Schokolade. In der Woche frühstücke ich um 7.15 Uhr.

das Pausenbrot

In der Schule haben wir eine Pause um 10.40 Uhr. In der Pause habe ich Hunger! Ich esse mein Pausenbrot. Ich habe zwei Butterbrote (eins mit Wurst, eins mit Käse) und ich esse auch einen Apfel oder eine Tafel Schokolade.

das Mittagessen

Wir essen um 14.00 zu Mittag. Wir, das heißt: ich, meine Geschwister und meine Mutter. (Meine Mutter arbeitet halbtags in einem Büro, sie ist aber mittags zu Hause). Wir essen Fleisch, Kartoffeln und Gemüse (Karotten, Broccoli, etc). Zu Trinken gibt es Sprudelwasser (Mineralwasser) oder Apfelsaft.

das Abendessen

Wir essen um sieben Uhr zu Abend – vor der Tagesschau (die Tagesschau = die Nachrichten im Fernsehen). Abends essen wir kalt: Brot, mit Wurst, Käse und Salat (grüner Salat, Tomatensalat, Gurkensalat, etc). Manchmal gibt es auch Jogurt. Am Wochenende gibt es oft Kuchen. Mein Lieblingskuchen ist Käsekuchen – mit viel Sahne!

1 Lies die Beschreibungen.
Was ist bei dir zu Hause gleich? Was ist anders?
Beispiel: Frühstück – Wir essen um ... Uhr. Wir essen (auch Brot? kein Brot? Corn Flakes?) und wir trinken (auch Kaffee? Tee? Milch?...?).

bei dir zu Hause = *at your house* gleich = *the same*

Spaß mit Wörtern!

1

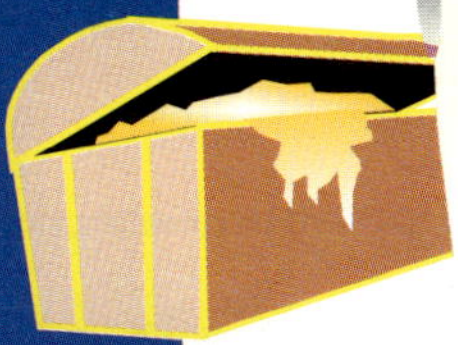

Aus der Trick-Kiste
Ist ein Wort lang und kompliziert?

1 **Sieh** dir das Wort **an**.
2 **Deck** das Wort **zu**.
3 **Schreib** das Wort **auf**.
4 **Checke** das Wort.

a Lerne diese Wörter mit dieser Methode:

Käsebrot Apfelkuchen
Käsekuchen Gemischtes Eis
Bockwurst Schinkenbrot
Schokoladenkuchen

b Suche fünf komplizierte Wörter im Buch. Lerne sie mit dieser Methode.

2 **Rätsel:** Halbsätze

a Schreib die Sätze in dein Heft.
Beispiel: 1 Ich trinke oft Cola.

1 Ich trinke oft Cola.
2 Ich treibe Sport.
3 Ich esse oft Hamburger.
4 Ich fahre Motorrad.
5 Am Sonntag schlafe ich bis elf Uhr.
6 Ich arbeite nicht.

b Sätze und Bilder: was passt zusammen?
Beispiel: **1** Ich trinke oft Cola = **c**

a
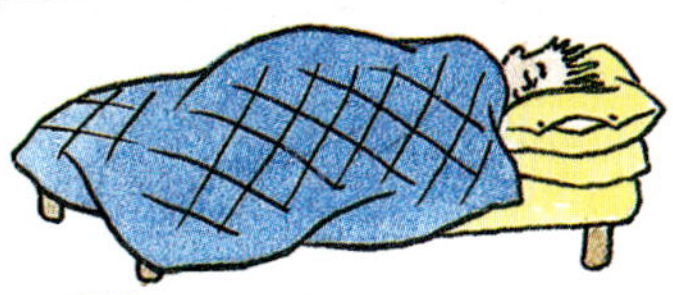

b

c

d

e

f
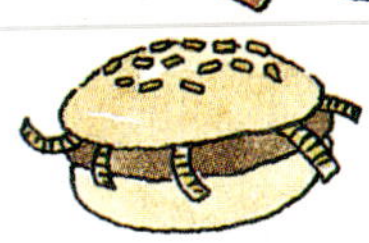

3

a Wieviele **Tiere** findest du? Schreib sie in dein Heft.
b Wieviele **Farben** findest du? Schreib sie in dein Heft.

HAMS TERBL AUPAPA GEIR OTHUN DKAT ZEDUN KELGR ÜNKANI NCHENSCH WARZ

deck das Wort zu = *cover the word*

LEKTION 10 Nach Hamburg

A Der Finger, der Arm, der Fuß...

1 Schreib die Wörter in drei Listen auf:

= Englisch	≃ Englisch	≠ Englisch
der Arm	der Fuß	der Rücken

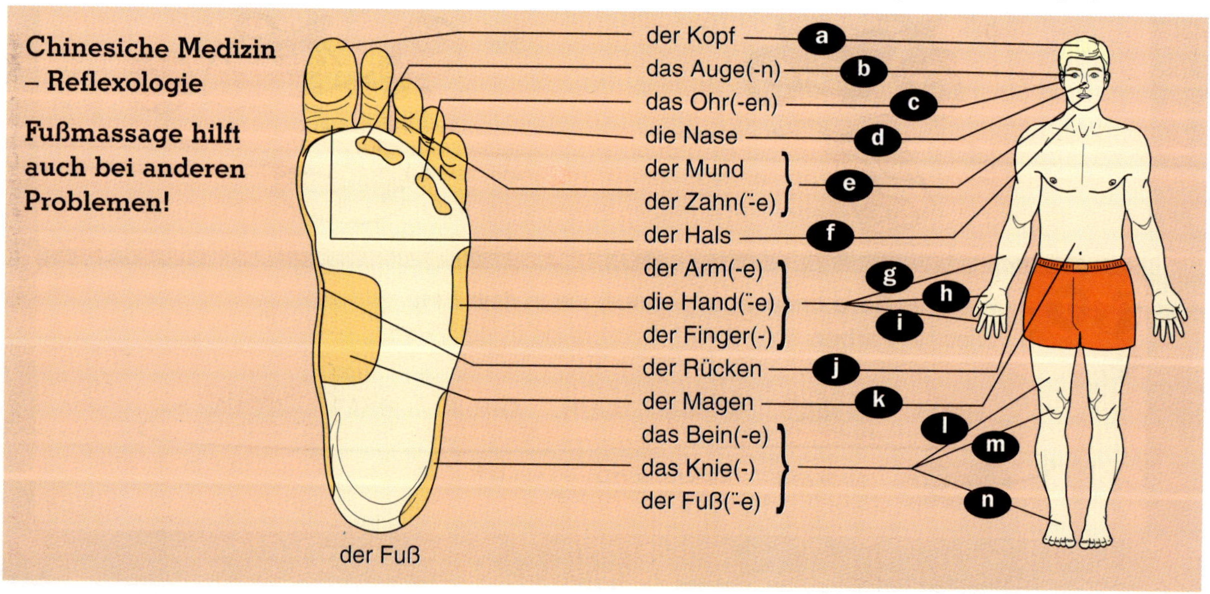

2 Hör zu (1-5). Sieh dir das Bild in Übung 1 an.

✱ Schreib die Buchstaben auf.
Beispiel: **1 c, f**

● Deck die Wörter zu. Schreib die Buchstaben und die Wörter auf.
Beispiel: **1 c, f** (das Ohr, der Hals)

3

Aus der Trick-Kiste

So kannst du Sätze lernen:

- Lies die Sätze. Deck die **englischen** Sätze zu.
  Lies die **deutschen** Sätze und schreib die Sätze auf **Englisch** auf.

Deck die Wörter zu.	*Cover the words.*
Schreib die Buchstaben auf.	*Write the letters down.*
Welche Wörter hat er/sie geschrieben?	*Which words has he/she written?*
Kannst du raten?	*Can you guess?*
Schreib fünf Sätze für jedes Bild auf.	*Write five sentences for each picture.*

- Schreib die Sätze auf Englisch auf:
  1. Deck die Bilder.
  2. Schreib die Sätze auf.
  3. Welche Buchstaben hat er/sie geschrieben?
  4. Kann er/sie raten?
  5. Schreib fünf Wörter für jedes Bild auf.

4 Was sagen sie? Schreib drei Sätze für jede Person auf.
Beispiel: Der Fuß tut mir weh.

5 **Spiel**

A Du schreibst drei Wörter (Beispiel: die Nase, das Bein, das Auge).
B Welche Wörter hat er/sie geschrieben? Kannst du raten?

A Was tut dir weh? Der Zahn?
B Nein.

6 Mach ein Diagramm für jedes Verb.
Beispiel:

die Zähne – essen – der Mund – der Magen

schwimmen, essen, hören, trinken, fernsehen, tanzen, gehen, schreiben

Blatt 10A ✱/ 10A ●

B Die Apotheke

Sind die Tabletten gut für Aylin?

1 **a** Sieh dir das Diagramm an.
Du hörst Radio (1-5).
Schreib die Buchstaben auf.
Beispiel: **1** b, e

b Deutsch ist logisch:

Kopfschmerzen = headache
Magenschmerzen = **?** ache
? schmerzen = sore back
? = sore throat

Haben Sie etwas gegen...?

Hier ist/sind...

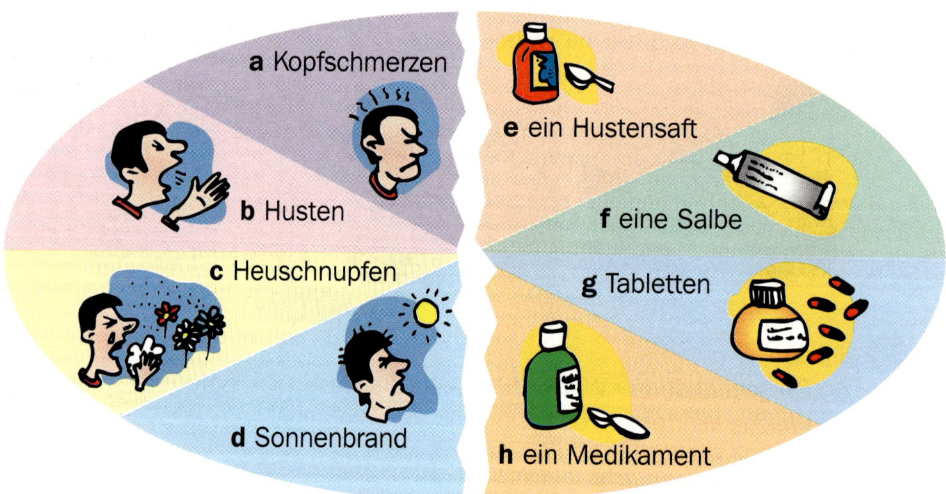

2 Was passt zusammen?

1 Welche Salbe ist billiger?
2 Ist dieses Medikament gut?
3 Was kostet dieser Hustensaft?
4 Haben Sie etwas gegen Sonnenbrand?
5 Welche Tabletten sind besser?
6 Dieser Hustensaft ist besser.

a Ja, dieses Medikament ist sehr gut.
b Diese Tabletten sind besser, aber teurer.
c Ja, hier ist eine Salbe.
d OK. Ich nehme diesen Hustensaft.
e Dieser Hustensaft kostet DM 6,50.
f Diese Salbe ist billiger.

Grammatik: welcher (which); dieser (this)

(der)	welche**r** Hustensaft ist gut?	diese**r** Hustensaft ist gut
(die)	welche Salbe ist besser?	dies**?** Salbe ist besser
(das)	welche**s** Medikament ist billiger?	dies**?** Medikament ist billiger
(die) *(pl)*	welche Tabletten sind teurer?	diese Tabletten sind teurer

⚠ Verb + Akkusativ: der → de**n**
dieser → diese**n**: Ich nehme diese**n** Hustensaft

3 Die Drogerie

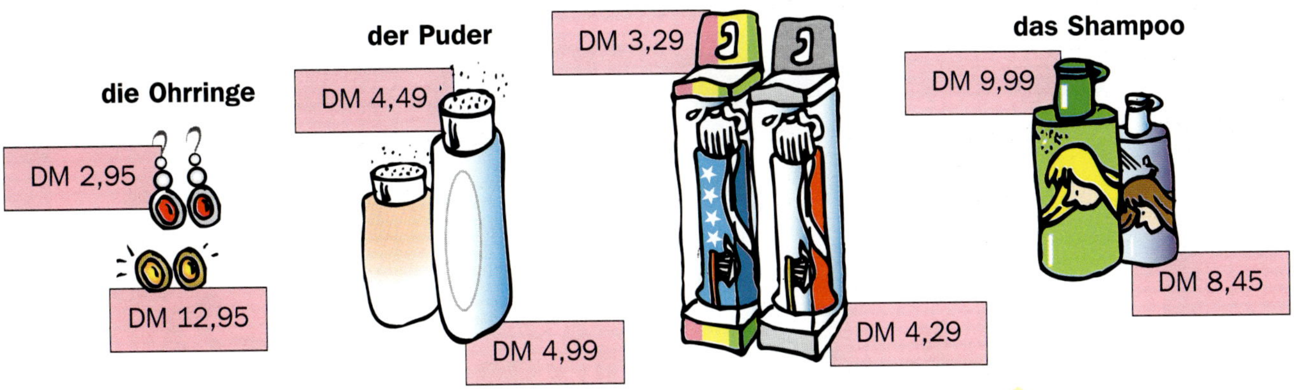

A Welche Ohrringe sind teurer?

B Diese Ohrringe sind teurer.

teuer ⟶ **teurer**
dear ⟶ *dearer*

Blatt 10B ✷/ 10B ●

4

✷ Ergänzt und übt den Dialog:

Heuschnupfen
↓
Tabletten
Diese / gut, diese / besser
↓
Welche / billiger?
↓
Diese / billiger,
kosten / 3,25 Mark
↓
Bitte schön.
↓
Danke schön.
Auf Wiedersehen.

● Erfindet und übt die Dialoge.

A Der Kopf tut dir weh.
Du hast DM 3.

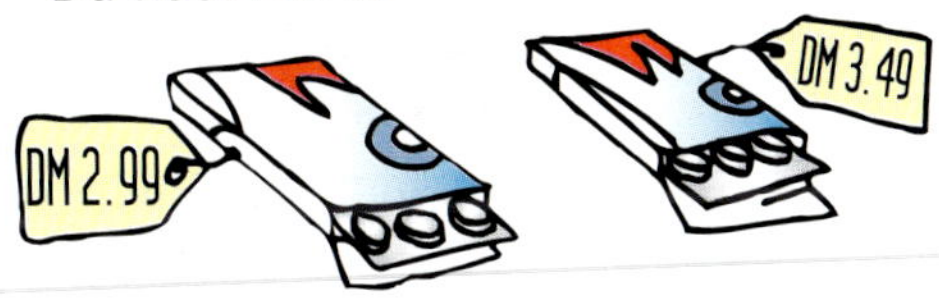

B Du hustest viel.
Du brauchst eine sehr gute Medizin.

C Der Hals, die Augen und die Ohren tun dir weh.

ergänzt = *complete*

SPEZIAL!

Aus einem Magazin

1 **Pluralwörter.** Schau ins Glossar. Schreib: Artikel, Wort, (Pluralform), Englisch.
Beispiel: der Mensch (-en) *person*

1 Menschen **2** Wälder **3** Türme **4** Bäume **5** Bewegungen **6** Türen 7 Fenster

Was kannst du sehen?

2 Was passt zusammen: Bild + Zahl + Beschreibung.
Beispiel: **A** zehn Kilometer, der Horizont ist eine Linie.

Wie weit?	**Was kannst du sehen?**
• fünf Kilometer	• Du kannst Menschen sehen.
• fünfzig Meter	• Der Horizont ist eine Linie.
• zwei Kilometer	• Du siehst die Augen von Menschen.
• dreihundert Meter	• Du kannst Wälder und Türme erkennen.
• achthundertfünfzig Meter	• Du erkennst Arme, Beine, Kopf, usw.
• zehn Kilometer	• Du erkennst die Person.
• fünfundsiebzig Meter	• Du kannst Bäume erkennen.
• siebenhundert Meter	• Du siehst Bewegungen von Menschen.
• fünfhundert Meter	• Du siehst ein Haus im Detail: Türen, Fenster, usw.

die Zahl = *number* die Beschreibung = *description* erkennen = *to recognize*

Witze

A Ein Skelett kommt zum Doktor. „Zu spät!" sagt der Doktor.

B Fritzi schreibt einen Brief. „Schreib schneller!" sagt die Mutti. „Aber, Mutti," sagt Fritzi, „ich schreibe einen Brief an Oma. Sie kann nicht schnell lesen!"

C Was ist grün und steht auf einem Bein? Ein Frosch in der Ballettschule!

D Herr Kurz trifft einen Mann im Café. „Guten Tag," sagt er. „Mein Name ist Kurz." „Mein Name ist auch kurz," sagt der Mann. „Ich heiße Lang."

E

= der Daumen

3 **a** Welchen Witz magst du am besten? Und dein(e) Partner(in)?
b Wähle drei Witze. Erzähle die Witze zu Hause auf Englisch.

4 Logisch!

Eins zwei drei
alt ist nicht neu
neu ist nicht alt
warm ist nicht kalt
kalt ist nicht warm
reich ist nicht arm
arm ist nicht reich
hart ist nicht weich
frisch ist nicht faul
Ochs ist kein Gaul
Förster ist kein Bauer
süß ist nicht sauer
sauer ist nicht süß
Händ' sind keine Füß'
Füß' sind keine Hände
die Predigt hat ein Ende

wähle = *choose* der Witz = *joke* erzähle = *tell* zu Hause = *at home*

C Einmal nach Hamburg, bitte

Was ist richtig: **(a)** oder **(b)**?

1 **(a)** Gleis 1 **(b)** Gleis 11 **2** **(a)** ● ——► ● **(b)** ● → ● → ●

1 Hör zu (1-5).

✷ Schreib [——►] (einfach) oder [⇄] (hin und zurück) in dein Heft.

● ✷ + Von welchem Gleis?

2 Übt den Dialog:

▶ Wann fährt der Zug nach München?
■ Er fährt um acht Uhr elf.
▶ Wann kommt der Zug in München an?
■ Um neun Uhr dreißig.
▶ Von welchem Gleis fährt der Zug?
■ Gleis drei.

ABFAHRT

Zeit	Gleis	Ziel	über
8.11	3	München	Ingolstadt 8.53 München 9.30
8.15	5	Frankfurt	Würzburg 9.20 Frankfurt 11.10
8.21	1	Hannover	Kassel 10.02 Hannover 11.12
8.27	4	Bayreuth	Bayreuth 8.57
8.32	2	Berlin	Leipzig 10.49 Berlin 11.32

Blatt 10C ✷/ 10C ●

3 ✱ Lies den Dialog.
Schreib den Dialog richtig auf.

Problem? Sieh dir den Dialog auf Seite 120 an.

- ● nach bitte Berlin, Einmal.
- ■ hin und zurück oder Einfach?
- ● zurück Hin und.
- ■ macht DM 59 Das.
- ● fährt Zug der Wann?
- ■ Uhr Um 7.21.
- ● ich umsteigen Muss?
- ■ umsteigen in Köln müssen Sie Ja.
- ● Berlin kommt der Wann in Zug an?
- ■ Um Uhr 8.53.
- ● Gleis fährt welchem der Von Zug?
- ■ zwei Gleis.

● Schreib einen Dialog.

hin und zurück

Berlin

Gleis vier

umsteigen – Stuttgart

fährt – 9.52 Uhr

Berlin – 13.14 Uhr

4 Am Bahnhof in Lüneburg. Macht Dialoge!
Gleis? Umsteigen? Preis? etc.

8.00

8.00	SE 14210	Hamburg Harburg 8.36	3
8.12 (nicht 25.Dez., 1.Jan.)	IR 2983	Alpenland Uelzen 8.26 – Celle 8.47 – Hannover 9.11 – Göttingen 10.20 – Würzburg 12.34 – Augsburg 14.40 – Kempten 16.12 – **Oberstdorf 17.09**	1
8.12	RE 3208	Hamburg Harburg 8.36 – **Hamburg Hbf 8.48**	2
8.13	RE 15214	Büchen 8.38 – Ratzeburg 9.03 – **Lübeck 9.24**	† 5 ⚒ 3
8.26	SE 5226	**Hamburg Harburg 9.03**	3
8.40	IC 781	Königssee Uelzen 8.54 – Celle 9.17 – Hannover 9.43 – Kassel Wilhelmshöhe 10.39 – Würzburg 12.05 – München Ost 14.48 – Freilassing 16.26 – **Berchtesgaden 17.43** 1./2. Klasse 2. Klasse Zwiesel Passau/Pfarrkirchen (bis 3.Nov., ab 21.Mrz.)	1
8.45	RE 3211	**Uelzen 9.06**	1
8.51	IR 2670	Hamburg Harburg 9.08 – Hamburg Hbf 9.22 – **Hamburg Altona 9.41**	2

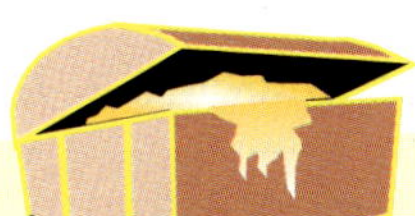

Aus der Trick-Kiste

Repeat information you are given to check you've understood correctly, e.g.

- Wann fährt der Zug?
- Um 08.12 Uhr.
- Um 08.12 Uhr?
- Ja, das ist richtig.

Lüneburg nach:	→	⇄
Göttingen	DM 80	DM 160
Oberstdorf	DM 248	DM 496
Lübeck	DM 36	DM 72
München Ost	DM 219	DM 438
Berchtesgaden	DM 287	DM 574

D Ich möchte ein Magazin kaufen

Richtig oder falsch? **(a)** Aylin möchte eine Limo trinken. **(b)** Thomas möchte mit Toni telefonieren. **(c)** Markus möchte ein Buch kaufen.

Grammatik: ich möchte + Infinitiv

Ich möchte ein Magazin kaufen I'd like (to buy) a magazine	When you say what you would like to do, you put the **second** verb at the **end** of the sentence. You use the infinitive form of the second verb (the form which ends in **-en**).

1

Ich möchte	ein Käsebrot mit Claudia eine Limonade in die Stadt ein Magazin	gehen trinken kaufen essen telefonieren

a ✱ Sieh dir die Tabelle an. Schreib fünf Sätze.
● Erfinde zehn Sätze. *Beispiel:* Ich möchte **einen Stift** kaufen.

b Schreib drei **unlogische** Sätze! *Beispiel:* Ich möchte ein Magazin trinken!

2 **Spiel** Macht lange Sätze!

A Ich möchte ein Buch kaufen.
B Ich möchte ein Buch **und Chips** kaufen.
C Ich möchte ein Buch, Chips **und eine Pizza** kaufen. ... etc.

a die Auskunft | b die Post | c der Kiosk | d die Toiletten *(pl)* | e die Telefonzellen *(pl)*

3 Hör zu (1-6).
Was fragen die Leute? Zeichne ein Symbol.

Beispiel: **1**  (Du hörst: Wo sind die Toiletten?)

dort drüben = *over there*
um die Ecke = *round the corner*

Blatt 10D ✱/ 10D ●

4 **a** Lest die Dialoge.
b Lernt die Dialoge auswendig.

▶ Ich möchte ein Schinkenbrot essen.
Wo ist der Kiosk?
■ Dort drüben, links.
▶ Danke schön.
■ Bitte schön.

▶ Ich möchte telefonieren.
Wo sind die Telefonzellen?
■ Um die Ecke, rechts.
▶ Danke schön.
■ Bitte schön.

Aus der Trick-Kiste
So kannst du Dialoge lernen:
- Lege Bleistifte auf die Dialoge.
Dann lies die Dialoge.
- Dann roll die Bleistifte.
Lies die Dialoge.

c Schreib zwei andere Dialoge. Ändere die Wörter in Rot.

5 Du bist am Flughafen mit deinem Brieffreund / deiner Brieffreundin.
Macht Dialoge: „Wo ist/sind...“ etc.

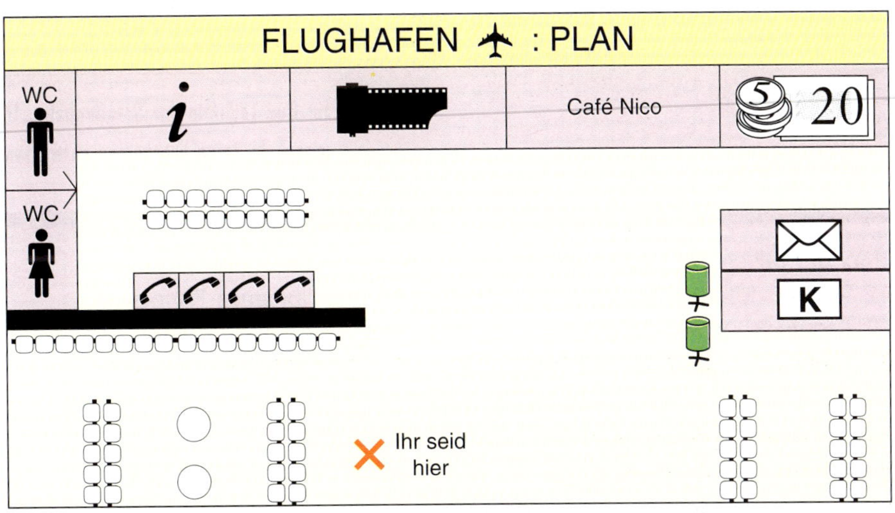

zeichne = *draw* auswendig = *by heart* lege = *lay* ändere = *change*

SPEZIAL!

Bus, Straßenbahn, U-Bahn, S-Bahn

In Berlin, Hamburg, München, Köln und anderen deutschen Städten kann man mit Bus (A), Straßenbahn (B), U-Bahn (C) oder S-Bahn (D) fahren.

A

B

C

D

Das ist eine Fahrkarte. Mit einer Fahrkarte kann man mit Bus, Straßenbahn, U-Bahn oder S-Bahn fahren.

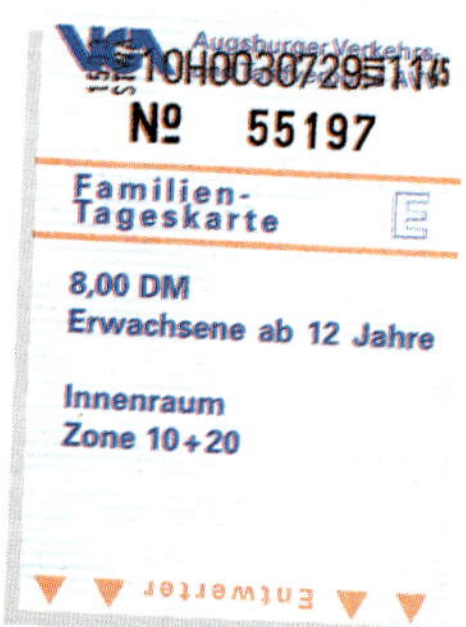

Kauf dir deine Fahrkarte an der Haltestelle (die Maschinen heißen Fahrkarten-Automaten). Fahrkarten an der Haltestelle sind billiger als Fahrkarten im Bus!

Das ist eine Bushaltestelle. Straßenbahnhaltestellen sind auch so.

Straßen – bahn – halte – stelle? Das ist die Stelle, wo die Straßenbahn hält! Kannst du das Wort sagen: Straßenbahnhaltestelle!

Im Bus (oder in der Straßenbahn, U-Bahn, etc) musst du deine Fahrkarten entwerten.

Richtig, falsch oder nicht im Text?

1 Fährst du mit Bus und U-Bahn? Du brauchst nur **eine** Fahrkarte.
2 Deutsche Busse sind manchmal sehr lang.
3 Fahrkarten im Bus sind nicht billig.
4 Eine Busfahrkarte kostet 50 DM.
5 Man kann Fahrkarten an der Haltestelle kaufen.
6 Straßenbahnen sind gut in der Stadt: sie stinken nicht!

nur = *only*

Spaß mit Wörtern!

1

Aus der Trick-Kiste

So kannst du Wörter oder Sätze lernen:

- Schreib den Satz auf Deutsch.
- Schreib den Satz auf der anderen Seite auf Englisch.
- Übe die Sätze – zum Beispiel, wenn du ins Bett gehst!

Der Hals tut mir weh

I've got a sore throat

Schreib sechs Karten mit schwierigen Sätzen. Übe die Sätze!

2 **Rätsel** Wieviele Körperteile findest du? Schreib sie in dein Heft.

MAG ENHUST ENBE INOH RSALB EKO PFHA LSSAF TMUN DZA HNGUT

3 **a** **Spiel** Ergänze diese **Wortreihen**:

Beispiel: **1** *(groß → klein)* ein Tisch, ein Buch, ein Blatt Papier, ein Stift, ein Radiergummi

1 *(groß → klein)* ein Tisch, ein Buch, ein Blatt Papier _____ , _____
2 März, April, Mai, _____ , _____
3 *(Mathe)* fünf, fünfzehn, fünfundzwanzig, _____ , _____
4 *(klein → groß)* ein Goldfisch, eine Maus, ein Meerschweinchen, _____ , _____
5 *(kurzes Wort → langes Wort)* wo, alt, Burg, Schule, Bahnhof, _____ , _____

b Erfinde fünf Wortreihen für deinen Partner/deine Partnerin.

4 Schreib acht lange Wörter!

Beispiel: Vanilleeis, Eiskaffee

VANILLEEISKAFFEETISCHTENNISSCHUHLADENSCHLUßVERKAUF

5 Was findet man hier?

Beispiel: ✱ **1** Im Bahnhof: Auskunft, Toiletten…
● **1** Im Bahnhof: man findet oft **eine** Auskunft, Toiletten, **ein**…

1 Im Bahnhof
2 Im Hotel
3 Im Sportzentrum
4 Im Supermarkt
5 Im Klassenzimmer

Auskunft, Schwimmbad, Kino, Telefonzellen, Toiletten, Café, Schlafzimmer, Esszimmer, Apotheke, Kiosk, Post, Schrank, Laden

schwierig = *difficult* **Körperteile** = *parts of the body*

LEKTION **11**

Aylins Problem

A Was hast du am Wochenende gemacht?

Wer hat Musik gehört? Wer hat Basketball gespielt?

1 **In der Einkaufspassage** Was hast du dir gekauft?

a  ein Armband *(n)*

b  ein Buch *(n)*

c  ein (Fußball) Magazin *(n)*

d  ein Videospiel *(n)*

e  eine Kassette *(f)*

f  Kleider *(pl)*

g  Make-up *(n)*

h  eine CD *(f)* – die neue *Prinzen* CD

a Du hörst eine Umfrage (1-5). Schreib die Buchstaben auf. *Beispiel:* **1 c, h**

b Schreib einen Satz für jedes Bild.
Beispiel: **a** Ich habe mir ein Armband gekauft.
b Ich habe mir ein Buch gekauft.

was hast du *dir* gekauft? = *what did you buy yourself?* eine Umfrage = *a survey*

2 **a** Welches Bild ist es?
Beispiel: Montag = Bild **b**

Montag	Ich habe Volleyball gespielt. Es war toll.
Dienstag	Ich habe mit Martin Karten gespielt. Es war lustig.
Mittwoch	Ich habe Klavier gespielt.
Donnerstag	Ich habe im Jugendklub Schach gespielt.
Freitag	Ich habe mit Alexander Computerspiele gespielt.
Samstag	Ich habe im Park Basketball gespielt. Das war gut.
Sonntag	Ich habe am Computer gespielt.

Ist das ein Problem?
Dann schau ins Wörterbuch.

b Was hast du am Wochenende gespielt? Schreib 1-3 Sätze auf.
Beispiel: Ich habe Squash gespielt.

Cricket Rugby Golf
Squash Gitarre Geige
Trivial Pursuit Klavier

Aus der Trick-Kiste

I played the recorder. Wie heißt *recorder* auf Deutsch?

- Schau ins Wörterbuch: Englisch-Deutsch:

  recorder *n* **1** Aufnahmegerät *m* **2** Blockflöte *f*

- Deutsch-Englisch:

  Aufnahmegerät *n* tape recorder ✗

  Blockflöte *f* recorder (*music*) ✓

Ich habe **Blockflöte** gespielt.

Grammatik: past tense

ich habe	Tennis	gespielt	I	*played*	*tennis*
	Musik	gehört		*listened to*	*music*
	Kleider	gekauft		*bought*	*clothes*
	meine Hausaufgaben	gemacht		*did*	*my homework*
Es war toll / lustig / gut / langweilig (etc.)			*It was brilliant / fun / good / boring* (etc.)		

Blatt 11A ✱/ 11A ●

3 Interviews: Was hast du am Wochenende gemacht?

✱
▶ Was hast du am Wochenende gemacht?
■ Ich habe ____________.
▶ Wie war es?
■ Es war ____________.

● *Fragen:*
Was hast du am Wochenende gemacht?
Wie war es?
Was für Musik / Kleider... ?

B Ich habe einen Film gesehen

1 Wann war Aylin krank? **(a)** Am Freitag **(b)** Am Samstag **(c)** Am Sonntag? **2** Ist sie heute krank?

Grammatik: past tense

ich habe	Toast	gegessen	*I*	*ate*	*toast*
du hast	Kaffee	getrunken	*you*	*drank*	*coffee*
	einen Film	gesehen		*watched / saw*	*a film*
	Freunde	getroffen		*met*	*friends*
	ein Buch	gelesen		*read*	*a book*

1 **Spiel!** **A** stellt Fragen. **B** antwortet 'Ja' oder 'Nein'. Nach drei Antworten mit 'Nein', stellt **B** die Fragen.

A Hast du gestern Freunde gesehen? — Ja. **B**

Hast du gestern

ein Magazin, Tee, Freunde, einen Apfel, Videofilme, einen Film, Orangensaft, ein Käsebrot, ein Buch, Toast, Comics, Cola, den Englischlehrer

gegessen
gelesen
getrunken
getroffen
gesehen
?

krank = *ill* **stellt Fragen** = *asks questions* **nach** = *after*

Blatt 11B ✱/ 11B ●

2 **a** Lies das Fernseh-Programm.

N3 NORD 3

17.40 **Bugs Bunny und der Indianer**
Trickfilm
18.00 **Herz ist Trumpf**
Gameshow
Moderator: Stephan Lehmann
18.30 **Lindenstraße**
Fernsehserie. Heute: Kleine Probleme, große Probleme
19.30 **Roseanne**
Comedyserie (USA)
20.00 **Tagesschau**
Nachrichten und Wetter
20.20 **Kalender**
Sportsendung: Analysen, Interviews
21.00 **Die Michael-Schanze-Show**
21.50 **Songs an einem Sommerabend**
Musiksendung: Live-Musik und Diskussionen
22.50 **Jux & Dallerei**
Talkshow mit Karl Dall und seinen Gästen
23.50 **Geschichten aus der Schattenwelt**
Horrorfilm, USA

b **Spiel!** Schnell!

A: Eine Sportsendung.

B: Grandstand ist eine Sportsendung.

A: Das stimmt. Ein Punkt.

eine Musiksendung	eine Gameshow
eine Sportsendung	ein Film *m*
eine Fernsehserie	ein Trickfilm *m*
eine Talkshow	eine Show
eine Comedyserie	die Nachrichten

c Sieh dir das Fernsehprogramm an. Hör zu (1-10). Richtig oder falsch?

3 **Umfrage:** Was für Sendungen hat die Klasse gestern gesehen?

a Zeichne eine Tabelle.

b Frag zehn Freunde. Ergänze die Tabelle.

Beispiel: A: James, was hast du gestern gesehen?

B: Ich habe eine Talkshow gesehen, ich habe einen Film gesehen, und ich habe…

Umfrage: Was hast du gestern gesehen?				
	eine Talkshow	eine Show	einen Film	nichts
James	✓		✓	

c Schreib Sätze.
Beispiel: Zehn Personen haben *eine Talkshow* gesehen.

das stimmt = *that's right* die Umfrage = *survey*
was für... = *what kind of...* zeichne = *draw*

SPEZIAL!

Zwei Detektiv-Geschichten!

Kannst du die Lösung finden?

Geschichte 1

Es ist Samstagmorgen. Inspektor Müller hat im Supermarkt Kartoffeln, Käse, Kekse und Kuchen gekauft. Jetzt geht er zum Ausgang. Es gibt aber so viele Leute! Es gibt auch so viele Einkaufswagen! Die Einkaufswagen blockieren den Ausgang.

Inspektor Müller geht zu seinem Auto. Ein Einkaufswagen rollt in ein geparktes Auto. Päng! Der Einkaufswagen verkratzt das gelbe Auto. „Es war der Mann in Rot," sagt Inspektor Müller zu dem Autofahrer. „Ich habe alles gesehen."

„Ihr Einkaufswagen hat mein Auto verkratzt!" sagt der Autofahrer. „Sie müssen mir 200 DM bezahlen." „Es war nicht mein Einkaufswagen," antwortet der Mann in Rot. „Sehen Sie den Mann in Blau dort drüben? Es war sein Einkaufswagen, nicht meiner. Ich habe es gesehen."

„Mein Wagen war es nicht," sagt der Mann in Blau. „Es war auch nicht mein Wagen," sagt der Mann in Rot. „Und ich muss jetzt nach Hause fahren." „Halt!" sagt Inspektor Müller zum Mann in Rot. „Ihr Einkaufswagen ist ins gelbe Auto gerollt: ich habe es gesehen. Und ich kann es auch beweisen!"

Wie kann Inspektor Müller es beweisen? Lösung auf Seite 155.

die Lösung = *solution* **beweisen** = *to prove*

Geschichte 2

Am Wochenende trifft Inspektor Müller eine gute Freundin. „Hallo, Gerlinde," sagt er. „Ich habe dich lange nicht gesehen!" „Stimmt," antwortet Gerlinde. „Ich arbeite halbtags, und ich habe nur nachmittags frei. Aber heute habe ich frei. Komm doch mal auf eine Tasse Kaffee." „Mit Apfelkuchen?" fragt Müller. „Natürlich!" lacht Gerlinde.

Gerlinde kommt mit Inspektor Müller in ihre Wohnung. „Die Küche sieht furchtbar aus!" sagt Gerlinde. „So ein Chaos! Es ist furchtbar! Jakob und Moritz sind so schrecklich unordentlich! Und Jakob sagt immer 'Es war Moritz'; und Moritz sagt immer 'Es war Jakob.' " „Ich möchte hören, was Moritz und Jakob sagen," sagt Inspektor Müller.

Moritz ist der jüngere Bruder. „Es war Jakob," sagt Moritz. „Ich bin nach Hause gekommen und Jakob war in der Küche. Ich war nicht in der Küche. Ich habe an meinem Computer gespielt." „Das stimmt überhaupt nicht!" sagt Jakob. „Moritz war der erste zu Hause. Er hat diese Unordnung gemacht. Ich habe nur einen Jogurt gegessen. "

Inspektor Müller trinkt seinen Kaffee und isst seinen Apfelkuchen. Dann geht er mit Moritz und Jakob zum Videoladen. „Was ihr macht, ist unfair," sagt Müller. „Und ich weiß, wer die Unordnung in der Küche gemacht hat."

Wer hat das Chaos in der Küche gemacht? Lösung auf Seite 155.

C Ich habe lange, braune Haare

Was stinkt? **(a)** der Auspuff? **(b)** der Fahrer?

1 **a** Sieh dir den Computer an.

b ✷ Hör zu (1-6). Sind die Beschreibungen richtig? Ja / nein.
● ✷ + **Was** ist falsch?

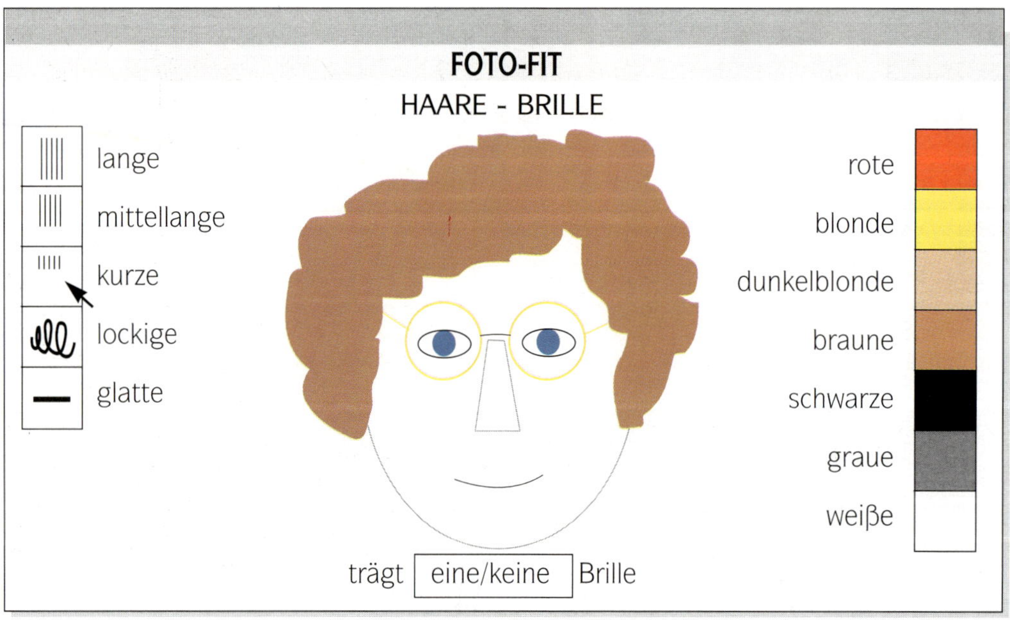

die Beschreibung = *description*

2 **a** Lies die Beschreibungen.
Die Details sind falsch! Schreib drei richtige Texte.

Hier bin ich als Baby. Ich war ziemlich klein. Ich hatte kurze, glatte, blonde Haare.

Im Jahre 1976 hatte ich mittellange glatte schwarze Haare.

Jetzt bin ich älter! Ich habe lange, glatte, blonde Haare. Ich trage eine Brille.

⚠ Ich hatte = I had

b Die Klasse bringt Babyfotos und Beschreibungen mit.
Könnt ihr raten, wer es ist?

Blatt 11C ✱/ 11C ●

3 **a** Wo ist Otto?

Otto ist groß. Er hat kurze, lockige, schwarze Haare. Er trägt eine Brille.

b Wo ist Ottos Freundin, Gertrude?

Getrude ist ziemlich klein. Sie hat lange, glatte, blonde Haare. Sie trägt keine Brille.

c Spielt mit anderen Figuren.
Beispiel:

A Er ist klein. Er hat kurze glatte blonde Haare, und er trägt eine Brille.

B Hast du braune Haare gesagt?

A Nein, blonde.

B Da ist er!

D Ich bin sportlich

1 **a** Wie spricht man die Wörter rechts aus?

b Hör zu. War es richtig?

c Übt die Wörter.
Beispiel:

A Wie heißt 'still' auf Englisch?

'Quiet'. **B**

A Richtig.

Wie heißt 'faul' auf Englisch? **B**

Charakter	
stur	*stubborn*
egoistisch	*selfish*
still	*quiet*
fleißig	*hard-working*
gut gelaunt	*in a good mood*
schlecht gelaunt	*in a bad mood*
schüchtern	*shy*
freundlich	*friendly*
lustig	*funny, a good laugh*
faul	*lazy*
sportlich	*sporty*
er/sie lacht viel	*he/she laughs a lot*
er/sie motzt manchmal	*he/she moans a bit*
er/sie redet zu viel	*he/she talks too much*

2 Was meinst du: welche Wörter beschreiben einen guten Freund / eine gute Freundin? Schreib eine Liste von sechs Wörtern.

3 Hör zu. Sieh dir die Wörter an. Welches Wort stimmt?
Beispiel: **1** lustig

1 schlecht gelaunt?
lustig?

2 sportlich?
stur?

3 freundlich?
schlecht gelaunt?

4 faul?
still?

5 stur?
gut gelaunt?

6 fleißig?
schüchtern?

was meinst du? = *what do you think?* **stimmt** = *is right*

Ich bin	nie / manchmal / oft / immer	gut gelaunt / fleißig / *(etc.)*
ich lache / motze / rede	nie / oft / viel / sehr viel / zu viel / immer	

4 **Spiel!** Beschreibe dich.
Dein Partner/deine Partnerin sagt: Das stimmt (nicht).
Beispiel:

A – Ich lache oft. ✱ Das stimmt nicht. – B ● Das stimmt nicht. Du lachst manchmal.

5

Aus der Trick-Kiste
So kannst du deine Interessen beschreiben:
I'm interested in aeroplanes. = Ich interessiere mich für....?

1 Schau ins Wörterbuch (Englisch-Deutsch):

aeroplane *n* Flugzeug *nt*

2 Schau ins Wörterbuch (Deutsch-Englisch):

Flugzeug (-s, **-e**) *nt* aeroplane *n*

(das ist nicht der Plural) **der Plural = Flugzeuge**
(Pluralformen: sieh dir die Seite 45 an)

3 Ich interessiere mich für Flugzeuge.

Wie heißt es auf Deutsch:
I'm interested in... films, birds, machines, motorbikes, fossils?

6 Karins Zimmer. Wieviele Sätze kannst du für Karin schreiben?
Beispiel: Ich interessiere mich für Sport.

Blatt 11D ✱/ 11D ●

7 Du suchst einen Brieffreund/eine Brieffreundin.
✱ Beschreibe dich: Wie siehst du aus? Charakter? Interessen?
● ✱ + Beschreibe auch deine Familie.
Hast du Geschwister? Wie heißen sie? Wie sehen sie aus? Und deine Eltern? etc.

SPEZIAL!

Deutschland in Farben

1 Deutsche Taxis sind beige.

2 Deutsche Telefonzellen sind grau und lila.

3 Deutsche Polizeiautos sind grün und weiß.

4 Deutsche Straßenschilder sind schwarz auf gelb.

5 Die deutsche Fahne ist schwarz, rot, gold.

6 Die Uniform von deutschen Schaffnern ist blau.

7 Deutsche Autokennzeichen sind schwarz auf weiß.

8 Deutsche Briefkästen sind gelb.

9 Deutsche Reisepässe sind dunkelrot.

10 Und deutsche Schüler? Sie sind bunt! (bunt = rot, blau, gelb, orange, grün, etc.) Sie tragen keine Uniform!

a

b

c

d

e

f

g

h

i

j

1 Was passt zusammen?
Beispiel: **1i**

2 Was für Farben sind es in deinem Land?
Beispiel: In Großbritannien ist die Fahne rot, weiß und blau.

Spaß mit Wörtern!

1

Aus der Trick-Kiste

So kannst du Sätze lernen:

- Du sprichst einen Satz **auf Englisch** auf Kassette. → Du machst eine Pause. → Du sprichst den Satz **auf Deutsch** auf Kassette.

I bought clothes ..... Ich habe Kleider gekauft.

- Später hörst du die Kassette an: Du hörst den Satz **auf Englisch.** → Du sagst den Satz **auf Deutsch.** → Du hörst die Kassette an und du checkst.

Kassette: I bought clothes. Du: Ich habe Kleider gekauft. Kassette: Ich habe Kleider gekauft.

Übe zehn schwierige Sätze mit der Kassette!

2 Wörter in Code

a Schreib die Wörter in dein Heft.

b Welche zwei Wörter passen hier nicht?

der Kode:

a	b	c	d	e...
z	a	b	c	d...

Beispiel: E h k l = F i l m

1 cdq Ensnjkta **2** czr Edrs **3** chd Chrjn **4** cdq Ehsmdrrjkta
5 cdq Lnqfdm **6** czr Jnmydqs **7** chd Zdqnahj-Rstmcd **8** cdq Zadmc

3

Was passt zusammen?

Beispiel: **1** Getränkeladen, Gemüseladen, ...

Du kannst im Glossar checken!

1 Getränke- Bus- Gemüse- Haus- Andenken- Kleider- | Laden

2 Sport- Stadt- Bleistift- Tisch- Freizeit- Fitness- | Zentrum

3 Schinken- Zitronen- Schokoladen- Kleber- Kaffee- Vanille- | Eis

4 Rat- Park- Wurst- Kauf- Kranken- Baum- Brot- | Haus

4

● Sieh dir diese drei Satz-Modelle an:

1 Es gibt hier **einen/eine/ein**.... **2** Hast du **den/die/das**... gesehen?
3 Ich mag **(Plural).**

Schreib drei Sätze nach dem Modell mit den Wörtern **a-f.**

Beispiel: **a 1** Es gibt hier **eine** Burg. **2** Hast du **die** Burg gesehen?
3 Ich mag **Burgen.**

a Burg **b** Supermarkt **c** Disko **d** Kaufhaus **e** Eiscafé **f** Park

schwierige = *difficult*

LEKTION 12

Drei Tage in München

A Wir haben die Altstadt besichtigt

Wir waren drei Tage in München ...

A Wir haben den Dom und die Altstadt besichtigt.

B Wir haben viele Straßenmusikanten gesehen.

C Wir haben einen Ausflug nach Neuschwanstein gemacht.

D Wir haben das Schloss besichtigt.

E Wir haben Andenken und Geschenke gekauft.

F Wir haben Postkarten geschrieben.

G Am Abend haben wir viele junge Leute getroffen.

H Wir haben Karten gespielt und wir haben bis Mitternacht geredet.

1

Aus der Trick-Kiste

Wir haben einen Ausflug ge**macht**. Im Glossar findest du das Infinitiv: **mach**en

machen: einen Ausflug (nach + town) machen to go on a trip (to + town).

Schau die neuen Wörter im Glossar nach.

2 Hör zu. In welcher Reihenfolge hörst du die Sätze **A–H**?
Beispiel: **1** Wir haben Andenken und Geschenke gekauft (**E**).

Grammatik

Remember that in the past tense the verb has **two** parts.

	1		2	
Ich	habe	______	ge____t	This part of the verb is called the **past participle**. It always ends in -**t** or -**en**.
Er	hat	______	ge____en	
Wir	haben	______		

⚠ Wir haben **be**sichtigt.

3 **A** beginnt einen Satz. **B** ergänzt den Satz.

A: Wir haben bis Mitternacht ...

B: Wir haben bis Mitternacht geredet.

4 **a** Lies die zwei Postkarten.

den 30. Juli

Liebe Tante Marlies, lieber Onkel Harald,

Wir sind in Österreich. Es ist sehr schön hier. Gestern haben wir die Burg und den Dom in Salzburg besichtigt. Es war kalt und es hat geregnet.

Am Montag war es aber warm und sonnig. Wir waren in Wien. Wir haben den Dom besichtigt. Die Läden in Wien sind toll, aber die Andenken sind teuer. Wir haben keine Andenken gekauft! Wir kommen am Samstag nach Hause.

Bis bald! Ursula

den 19. Dezember

Liebe Sarah,

Wie geht's? Ich bin im Süden von Deutschland. Gestern war ich in den Alpen. Es hat geschneit: alles war weiß! Es war sehr kalt, aber es war sonnig. Es war wunderschön.

Am Dienstagnachmittag war ich in München. Ich habe den Weihnachtsmarkt gesehen. Ich habe viele junge Leute getroffen und wir haben geredet. Es war toll! Frohe Weihnachten!

Alles Liebe,

Sven

b Wie war das Wetter **1** in Salzburg? **2** in Wien? **3** in den Alpen?

Beispiel: **1** Es war kalt. Es hat geregnet.

Blatt 12A ✱/ 12A ●

5 Du warst zwei Tage in Köln. Schreib eine Postkarte an Claudia oder Markus.

Altstadt + Dom

Andenken aus Köln.

Sonntagnachmittag - Ausflug nach Fantasialand.

Samstagabend - Freunde

Postkarten mit Pommes frites!

das Wetter = *the weather*

B Ich bin ins Kino gegangen

Wer ist in Deutschland geblieben? **(a)** Monika **(b)** Markus **(c)** Claudia

1 Quiz Welche neun Länder sind Nachbarländer von Deutschland?

Österreich	Dänemark	Großbritannien	Frankreich	Belgien	Holland
die Schweiz	Luxemburg	Spanien	Polen	Portugal	Italien
		die Tschechische Republik			

2 Welches Land ist es?
Beispiel: **a** Polen

a	*PL – 1200 Warschau*	**b**	*B – 1050 Brüssel*	**c**	*F – 75320 Paris*
d	*NL – 1090 Amsterdam*	**e**	*CH – 2540 Bern*	**f**	*CZ – 1070 Prag*
g	*GB – London EC2 5QR*	**h**	*E - 2400 Madrid*	**i**	*DK - 4000 Kopenhagen*
j	*D – 11323 Berlin*	**k**	*A – 1100 Wien*	**l**	*I – 1120 Rom*

3 Hör zu (1-10). Richtig oder falsch?
Sieh dir den Rucksack an!

Grammatik: to + country

nach Belgien, Holland, Portugal, Amerika, *etc.*
⚠ **in die** Schweiz, **in die** Tschechische Republik.

4 Seht euch den Rucksack an.

A Bist du nach Holland gefahren?
B Nein.

5 Wohin bist du gegangen? Ergänze die Sätze.

1 Ich bin __________ gegangen.

2 Ich bin __________ gegangen.

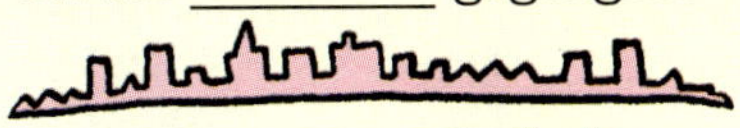

3  4  5 

in den Supermarkt · ins Schloss · in den Videoladen · in die Stadt · ins Kino · ins Sportzentrum · in die Schule · in den Dom

Grammatik: the past tense

With some verbs, in the past tense, you use *ich bin* instead of *ich habe*.	
Ich **bin** gefahren.	*I went (by car, train, bike, etc.)*
Ich **bin** gegangen.	*I went (on foot)*
Ich **bin** geblieben.	*I stayed*

Blatt 12B ✷/ 12B ●

6 Hör zu und sieh dir Bilder **1**-**4** an. Was fehlt auf der Kassette?

✷ Schreib den Buchstaben. *Beispiel:* **1 a**

● Schreib den Satz. *Beispiel:* **1** Ich habe Karten gespielt.

7 Was hast du letzte Woche gemacht?

Samstag	in die Stadt, Film
Sonntag	Regen. Musik, Tischtennis. Video: Krieg der Sterne 3.
Montag	Schule. Sportzentrum: Basketball bis 18 Uhr.
Dienstag	Schule. Nachmittag: Freunde.
Mittwoch	zu Hause: krank. Postkarte an Onkel Harald.
Donnerstag	Schule. Nachmittag: sonnig. Neue Trainingsschuhe!

✷ *Beispiel:* Samstag: Ich bin in die Stadt gegangen. Ich habe einen Film gesehen.

✷ ● + Erfinde neue Details. *Beispiel:* Am Samstag bin ich in die Stadt gefahren. Ich habe meinen Freund Jason getroffen. Wir haben einen Film gesehen.

wohin = *where* (to)   letzte Woche = *last week*

SPEZIAL!

München

München, die Weltstadt mit Herz

München liegt im Südosten von Deutschland. Es ist Deutschlands drittgrößte Stadt.

Die Fußgängerzone von München ist sehr groß. Keine Autos, keine Motorräder: hier kann man toll einkaufen gehen! Große Kaufhäuser, interessante kleine Boutiquen, Straßencafés, Eiscafés, Straßenmusikanten, Kinos, Wurstbuden: hier ist was los!

Die jungen Leute treffen sich am Marienplatz, im Stadtzentrum. Es ist praktisch: hier gibt es eine U-Bahn Station. Im Winter gibt es am Marienplatz den Weihnachtsmarkt. Es ist sehr schön – besonders, wenn es geschneit hat.

Ein Sommerabend in einem Münchner Biergarten... Die Atmosphäre ist toll. Junge Leute planen den Abend in der Disko, alte Leute reden und Kinder spielen auf Fahrrädern. Hier kann man Bier, Cola oder Limonade trinken. Man kann auch sein Abendessen aus der Wohnung mitbringen und hier in der Sonne essen.

Interessierst du dich für Technik? Für Flugzeuge, Autos und Maschinen? Dann ist das Deutsche Museum in München ein Paradies für dich!

In der Nähe von München ...

München

Rothenburg-ob-der-Tauber
Rothenburg ist eine der schönsten historischen Städte in Deutschland.

Berlin
Berlin ist 570 Kilometer weit weg – 5 Stunden mit dem Auto.

Prag (Tschechische Republik)
Prag ist 365 Kilometer weit weg – 4 Stunden mit dem Auto.

Schloss Neuschwanstein
Bis 1918 haben Könige in München gewohnt. König Ludwig hat viele Schlösser in der Nähe von München gebaut. Schloss Neuschwanstein ist in den Alpen südlich von München.

Starnberger See
München hat viele Schwimmbäder. Aber die Münchener schwimmen auch in Seen. Der Starnberger See ist der größte See in der Nähe von München. Man kann mit der S-Bahn nach Starnberg fahren.

Salzburg (Österreich)
Salzburg liegt in Österreich - ist aber mit dem Auto nur zwei Stunden von München weg. Salzburg hat eine sehr alte Burg. Jedes Jahr gibt es heir ein großes Mozart-Fest. Man hat den Film *The Sound of Music* in Salzburg gefilmt.

die Alpen
Am Wochenende fahren die Münchner oft in die Alpen. Im September und Oktober gehen sie wandern (im Sommer ist es oft zu heiß). Vom November bis März kann man in den deutschen Alpen Skifahren. Es ist aber nicht billig.

Aus der Trick-Kiste
See *f* sea
See *m* lake
Starnberger See: sea oder *lake*?

1 Korrigiere die Sätze.

1. Das Deutsche Museum ist ein Museum für Kunst.
2. Salzburg ist in Deutschland.
3. Die Münchner gehen im Sommer wandern.
4. Schloß Neuschwanstein ist in München.
5. In den Biergärten kann man nur Bier trinken.
6. In der Fußgängerzone gibt es viele Autos.

2 Was passt zusammen? Kannst du hier acht deutsche Wörter finden?
Beispiel: Abendessen.
abend – bäder – bier – café – eis – ende – essen – flug – fußgänger – garten – schwimm – wochen – zeug – zone

C Die falsche Straßenbahn

1 Was passt zusammen?

1 Thomas ist in die Altstadt gegangen.	**a** Thomas arrived too late.
2 Der Bus ist gekommen.	**b** The bus came.
3 Der Bus ist abgefahren.	**c** He got into a tram.
4 Thomas ist zu spät angekommen.	**d** The bus left.
5 Er ist in eine Straßenbahn eingestiegen.	**e** Thomas went into the old town centre.

2 Hör zu. Du hörst den Text oben – aber der Text ist manchmal falsch! Hörst du etwas Falsches? Dann heb die Hand.

etwas = *something*

3 Hier sind vier Spiele. Spielt die zwei besten Spiele in Gruppen.

✱	●
Nur Sätze vom Text Seite 7 ------------►	auch andere Sätze.
Schaut euch den Text Seite 7 an --------►	Schaut euch den Text nicht an.

Spiel A

A sagt ein Wort. **B** sagt einen Satz mit dem Wort.

Beispiel:

A Bananen!
B Ich habe Bananen gekauft.

C Die Straßenbahn.
D Die Straßenbahn ist nicht gekommen.

Spiel B

Erfindet Sätze: alle sagen nur **ein** Wort!

Beispiel:

A Ich ...
B ... bin ...
C ... in...
D ... die ...
E ... Disco ...
F ... gegangen.

Spiel C

A sagt einen Satz. **B** sagt zwei Sätze. **C** sagt drei Sätze, etc.

Beispiel:

A Ich habe Cola getrunken.
B Ich habe Cola getrunken und ich habe einen Hamburger gegessen.
C Ich habe Cola getrunken, ich habe einen Hamburger gegessen und ich habe Straßenmusikanten gehört.

Spiel D

Erfindet eine Geschichte. Jeder sagt nur **einen** Satz.

Beispiel:

A Ich bin ins Kino gegangen.
B Der Film war doof.
C Ich bin ins Café gegangen. etc.

Ist eure Geschichte lustig? oder doof?

Blatt 12C ✱/ 12C ●

4 ✱ Ergänze den Text.

Gestern bin ich mit der  in die Stadt gefahren. Ich bin in einen  gegangen und ich habe , Butter,  und Cola gekauft. Dann bin ich in ein Café . Ich habe ein Schinkenbrot . Um zwei Uhr bin ich ins  gegangen. Um vier Uhr bin ich mit dem  nach Hause gefahren. Ich habe meine Hausaufgaben .

● Schreib den Text.

nur = *only* eine Geschichte = *story* jeder = *each (pupil)*

D Thomas Geburtstag

Thomas beschreibt seinen Geburtstag in einem Brief an seine Kusine Katrin.

Dahlenburg, den 15. Juli

Liebe Katrin,

vielen Dank für deine Karte und für dein Geschenk. Ich mag Bücher von Terry Pratchett!

Ich hatte einen tollen Geburtstag. Ich habe vier gute Freunde eingeladen. Nach der Schule sind wir in die Stadt gegangen und wir haben Eis gegessen. Wir haben geredet und wir haben viel gelacht.

Um sechs Uhr sind wir nach Hause gefahren. Zuerst haben wir ferngesehen: es gab eine tolle Musiksendung. Am Abend hatten wir ein Grillfest im Garten. Es gab viel zu Essen und es gab auch viel zu trinken. Es war warm – und es hat nicht geregnet! Wir haben Musik gespielt und wir haben getanzt. Es war lustig!

Ich habe viele tolle Geschenke gekriegt. Von Markus habe ich eine CD von Oasis gekriegt. Von Aylin und Claudia habe ich einen lustigen Winterhut bekommen. Ich habe auch Schokolade, Bücher und einen neuen Fotoapparat gekriegt. Nicht schlecht!

Kommst du im Oktober? Es wäre schön!

Alles Liebe,
dein
Thomas.

1 ✷ Wie heißt es auf Deutsch?

1 Thanks a lot for your present.
2 I had a great birthday.
3 We laughed a lot.
4 First we watched TV.
5 There was a lot to eat.
6 We danced.
7 I got lots of great presents.
8 got a new camera.

● ✷ + Was passt zusammen?
Beispiel: **1** Es war toll.

1 Es war [toll / Geburtstag].
2 Ich hatte [viel zu essen / eine Musiksendung].
3 Es gab [gute Musik / sonnig].
4 Vielen Dank für [deinen Bruder / deinen Brief].

2 Sieh dir Thomas' Brief an. Korrigiere Sätze 1–6.
Beispiel: Von Katrin hat Thomas ein Buch gekriegt.

1 Von Katrin hat Thomas ein Magazin gekriegt.
2 Thomas hatte einen schlechten Geburtstag.
3 Nach der Schule sind die Freunde in einen Laden gegangen.
4 Sie haben Hamburger mit Pommes frites gegessen.
5 Es gab eine Sportsendung.
6 Es war kalt und es hat geregnet.

3 Das war gestern. Wieviele Sätze könnt ihr sagen/schreiben?
Beispiel: Thomas hat Jeans getragen. Markus hat getanzt.
Das Zimmer war groß.

4 Du hörst die Beschreibung von drei Geburtstagen.

a Hör dreimal zu. Mach Notizen.
Beispiel: Geburtstag 1: Musik, getanzt.

b Welcher war der **beste** Tag? Schreib deine Antwort auf.
Beispiel: ✱ Geburtstag 2: Ausflug, Pizza. Ich mag Ausflüge und Pizza.
● Geburtstag 2: Er hat einen Ausflug gemacht. Ich mag auch Ausflüge.

Blatt 12D ✱/ 12D ●

Jetzt kannst du deinen eigenen Brief schreiben.
Blatt 12D✱ und Blatt 12D● helfen dir.

korrigiere = correct Notizen = *notes* deinen eigenen Brief = *your own letter*

Wiederholung: Test-Check

Deutsch im Schülerbuch

1 **a** Welches Wort ist richtig? *Beispiel:* **1** Bilder

1 Sieh dir die [Kassette/Bilder] an.
2 Schreib die [Sätze/Bücher] in dein Heft.
3 Was [schreibt/passt] zusammen?
4 Sind die Antworten richtig oder [groß/falsch]?
5 Bring die Wörter in die richtige [Antwort/Reihenfolge].

b Schreib die Sätze 1-5 auf Englisch in dein Heft.
Beispiel: **1** *Look at the pictures.*

Problem? → Seite 10

Kein Problem? → S174-175
Dann kannst du noch andere Sätze üben.

Situationen

2 ✱ Schreib die Wörter in die richtigen Kategorien.
● ✱ + Schreib auch der/die/das.

Essen & Trinken	Familie	Tiere	Im Haus	Im Stadtzentrum
	(● der) Vater			

Vater Schinken Katze Dom Laden
Geschwister Lampe Küche Kuchen Saft
Hund Wohnzimmer Rathaus Marktplatz Maus
Käse Schrank Stiefmutter Brot Bahnhof

Problem? → S44, 80, 66, 78, 54

Kein Problem?
Schreib noch weitere Wörter in deine Listen. Wieviele Wörter kannst du schreiben?

3 **a** Hör zu. Sieh dir die Bilder an. In welcher Reihenfolge hörst du die Situationen?

b Welcher Satz passt zu welchem Bild in Übung 3a?
Beispiel: **1e**

1 Entschuldigen Sie, bitte. Wo ist die Post?
2 Welche Farbe? Und welche Größe?
3 Gut, danke. Und dir?
4 Muss ich umsteigen?
5 Was kosten die Kartoffeln?
6 Ich suche ein Hemd.
7 Sonst noch etwas? Ja, ein Kilo Äpfel.
8 Einmal nach München, bitte.

c Erfindet Dialoge für die fünf Situationen.
Übt die Dialoge.

Problem? → S54, 72, 48, 120

Kein Problem? →
Übt Dialoge für andere Situationen: die Apotheke, die Schule, ...

Grammatik

4 Was passt zusammen?

1 Was machst du am Wochenende?
2 Was macht dein Bruder?
3 Was macht deine Schwester?
4 Was macht ihr zusammen?
5 Was machen deine Eltern?

a Sie gehen manchmal ins Kino.
b Er hört Musik.
c Wir machen Ausflüge.
d Sie geht oft in die Stadt.
e Ich mache meine Hausaufgaben.

Problem? → S153

Kein Problem?
Ergänze die Tabellen.

Ich höre	Ich fahre	Ich bin
Du hörst	Du ...	Du bist
Er hör**?**	Er ...	Er ...
Wir ...	Wir ...	Wir ...
Ihr ...	Ihr ...	Ihr ...
Sie ...	Sie ...	Sie ...

5 Bring die Wörter in die richtige Reihenfolge.
Beispiel: **1** Ich bin nach Hause gefahren.

1 nach / ich / gegangen / Hause / bin.
2 Uhr / bin / ich / um / angekommen / vier.
3 ich / Wohnzimmer / im / ferngesehen / habe.
4 habe / meine / ich / gemacht / Hausaufgaben.
5 um / sechs / habe / Uhr / zu Abend / ich / gegessen.
6 ins Bett / ich / um / gegangen / zehn / bin / Uhr.

Problem? → S156

Kein Problem?
Wieviele Verben kannst du hier schreiben?

Ich habe	Ich bin
gespielt	geblieben
getrunken	angekommen
...	...

6 ● Schreib Sätze nach diesem Modell.
Beispiel: Wir haben *eine Kirche* gesehen.
Wir sind in *die Kirche* gegangen.

Kirche   Museum   Bäckerei
Apotheke   Getränke-Laden
Schloß   Kaufhaus

Problem? → S152

Kein Problem? →
Was hast du zum Geburtstag gekriegt?

Grammatik

A Nouns, pronouns and cases

Nouns are words for people, places and things. See Grammar worksheet 1 for more details.

A1 Capital letters (◁◁ Seite 10)

German nouns are always written with a capital letter, e.g. das Buch – the book.

A2 Compound nouns (◁◁ Seiten 31, 70)

Compound words are two or more nouns joined together to make one new word, e.g. Lieblingsfußballmagazin (Lieblings + Fuß + Ball + Magazin)

When two or more nouns are put together to make one long one:

- the long word has only one capital letter, at the beginning
- the long word takes the gender (der, die or das) of the last part e.g. die Musik – music   das Zimmer – room   das Musikzimmer – the music room.

A3 Plural nouns (◁◁ Seite 45)

There are many plural forms in German, e.g.:

-(no change)	1 Brötchen	2 Brötchen	" (umlaut)	1 Apfel	2 **Ä**pfel
-e	1 Keks	2 Keks**e**	**¨e**	1 Nuss	2 N**ü**ss**e**
-er	1 Kind	2 Kind**er**	**¨er**	1 Fach	2 F**ä**ch**er**
-en	1 Antwort	2 Antwort**en**	**-s** (foreign words)	1 Chip	2 Chip**s**
-n	1 Frage	2 Frage**n**			

In a dictionary, the plural ending is given in brackets. Masculine and neuter words have two items in brackets – the plural is the second item. (Ignore the first item.)
e.g.

Flugzeug (-s, -e) *nt* aeroplane *n*
↑
Plural = Flugzeug**e**

A3 Schreib die Wörter im Plural. Schreib die Wörter auch auf Englisch.

Schau ins Glossar!

Biespiel: der Pulli, die Pullis (pullover)

1 der Pulli   **2** die Mütze   **3** der Rock   **4** das Hemd   **5** der Helm   **6** der Mantel   **7** der Badeanzug   **8** das T-shirt   9 die Farbe   10 das Kleid

A4 Gender of nouns (◁◁ Seiten 48, 56, 75, 80, 117)

There are three genders of noun in German: masculine *(m)*, feminine *(f)* and neuter *(n)*.

Words like 'the' and 'a', have different endings, depending on whether:

- the noun they go before is masculine, feminine or neuter,
- the noun they go before is singular (one) or plural (more than one).

	Masculine singular -er	Feminine singular -e	Neuter singular -(e)s	Plural -e
the	der Markt the market	die Bank the bank	das Café the Café	die Läden the shops
which	welcher Markt which market	welche Bank which bank	welches Café which Café	welche Läden which shops
this/ these	dieser Markt this market	diese Bank this bank	dieses Café this Café	diese Läden these shops

	Masculine singular (no ending)	Feminine singular -e	Neuter singular (no ending)	Plural -e
a/an	ein Markt a market	eine Bank a bank	ein Café a Café	Läden shops
my/ your	mein Hund my dog	meine Katze my cat	mein Rad my bike	meine Bücher my books
your	dein Pulli your jumper	deine CD your CD	dein Zimmer your room	deine Kleider your clothes
no	kein Mann no man	keine Frau no woman	kein Kind no child	keine Leute no people

A4 Schreib die Wörter mit **der, die** oder **das** in dein Heft. Schreib sie auch auf Englisch.

Schau ins Glossar!

1 Banane	**3** Pfirsich	**5** Orange	**7** Apfel
2 Nuss	**4** Tomate	**6** Ei	**8** Brötchen

A5 The accusative case (◁◁ Seiten 67, 69)

The accusative case is used after verbs. In the accusative case, the only words that change are ones before **masculine** singular nouns. They all end in **-en**.
See Grammar worksheet 3 for more information on the accusative.

	Masculine accusative -en
der	→ de**n**
welcher	→ welch**en**
dieser	→ dies**en**
ein	→ ein**en**
mein	→ mein**en**
dein	→ dein**en**
kein	→ kein**en**

Claudia mag	de**n**	Bikini
	welch**en**	Film magst du lieber?
ich habe	dies**en**	Film gesehen
es gibt	ein**en**	Markt
ich hasse	mein**en**	Hund
leist du mir	dein**en**	Stift?
wir haben	kein**en**	Hund

Examples:

Masculine:	der Hund	ich mag de**n** Hund	*I like the dog*	
	ein Park	es gibt ein**en** Park	*there is a park*	
Feminine:	eine Kirche	es gibt eine Kirche	*there is a church*	(no change)
Neuter:	ein Hotel	es gibt ein Hotel	*there is a hotel*	(no change)

⚠ To say what you don't have, use kein (you can't use nicht in front of a noun):
ein Stift Ich habe **keinen** Stift I haven't got a pen / I've got no pen / I have no pen

A6 Pronouns: I, you, etc.

Singular	ich	I	
	du	you	(to a young person)
	er	he or it	(e.g. Wo ist der Helm? *(m)* Er ist hier.)
	sie	she or it	(e.g. Wo ist die CD? *(f)* Sie ist hier.)
	es	it	(e.g. Wo ist das Buch? *(n)* Es ist hier.)
Plural	wir	we	
	ihr	you	(to young people)
	Sie	you	(to one or more adults – always capital S)
	sie	they	

A5 Was gibt es im Zimmer? Es gibt ... (+ Akkusativ!)

Biespiel: Es gibt einen Helm.

Brief *(m)* Tisch *(m)* Lampe *(f)* Stift *(m)* Helm *(m)* Rad *(n)* Bild *(n)* Buch *(n)* Hund *(m)* Geige *(f)* Papagei *(m)* Fußball *(m)*

B Verbs, word order

Verbs are words for actions, eg **to work**, I **played**, we **go**. See Grammar worksheet 2 for more about verbs.

B1 Verbs: the infinitive

The **infinitive** is the 'name' of the verb, the form you'll find in the dictionary. It ends in -en, eg spiel**en**, geh**en**.

wohnen *v* to live

B2 Verbs: the present tense

- Most verbs follow the same pattern as *spielen.*
  Take off the *-en* of the infinitive form and add the correct endings.

spielen: *to play*			
ich	spiele	I play	or I'm playing
du	spielst	you play	or you're playing
er/sie	spielt	he/she plays	or he/she is playing
wir	spielen	we play	or we're playing
ihr	spielt	you play	or you're playing
Sie	spielen	you play	or you're playing
sie	spielen	they play	or they're playing

Some verbs have an extra 'e' to make them easier to pronounce:

du arbeit**e**st	er arbeit**e**t
du zeichn**e**st	er zeichn**e**t
du reit**e**st	er reit**e**t

⚠ To say 'I **am** working' (etc.) in German, you don't need a separate word for 'am'. Just use ich + the verb, with the correct ending, e.g. ich arbeite = I am working

⚠ Mein Bruder/Aylin, etc. take the same ending as er/sie (he/she), e.g. Mein Bruder spielt.
Meine Eltern / Thomas und Markus, etc. take the same ending as sie (they), e.g. Meine Eltern spielen.

B2 a Schreib richtige Sätze in dein Heft.

Biespiel: **1** Meine Mutter arbeitet im Supermarkt.

1	Meine Mutter ________ im Supermarkt.	arbeiten	– *to work*
2	Anna und Lech ________ aus Polen.	kommen	– *to come*
3	Wir ________ die Mathehausaufgaben.	machen	– *to do*
4	Ich ________ Deutsch und Französisch.	lernen	– *to learn*
5	________ du Heike Müller?	kennen	– *to know (person)*
6	______ ihr ins Schwimmbad?	gehen	– *to go*
7	_________ Sie CDs oder Kassetten?	kaufen	– *to buy*
8	Mein Freund Peter ________ sehr gut Autos.	zeichnen	– *to draw*
9	Ich mag Diskos aber ich _______ nicht.	tanzen	– *to dance*
10	Meine Lieblingsfußballmannschaft ist Bayern München – sie ___________ immer!	gewinnen	– *to win*

- Some verbs have two parts. In the present tense, the second part comes at the end of the sentence, and doesn't change, e.g.

Ich **stehe** um acht Uhr **auf.**	I **get up** at 8 o'clock.
Wann **kommt** der Zug in Bonn **an**?	When does the train **arrive** in Bonn?

- In some verbs, the vowel changes in the du and er/sie forms:

e → ie

lesen: *to read*		sehen: *to see*	
ich	lese	ich	sehe
du	**lie**st	du	**sie**hst
er/sie	**lie**st	er/sie	**sie**hst
wir	lesen	wir	sehen
ihr	lest	ihr	seht
Sie	lesen	Sie	sehen
sie	lesen	sie	sehen

e → i

essen: *to eat*		treffen: *to meet*	
ich	esse	ich	treffe
du	**i**sst	du	**tri**ffst
er/sie	**i**sst	er/sie	**tri**fft
wir	essen	wir	treffen
ihr	esst	ihr	trefft
Sie	essen	Sie	treffen
sie	essen	sie	treffen

a → ä

fahren: *to go, to travel*		verlassen: *to leave*		schlafen: *to sleep*	
ich	fahre	ich	verlasse	ich	schlafe
du	**fä**hrst	du	verl**ä**sst	du	schl**ä**fst
er/sie	**fä**hrt	er/sie	verl**ä**sst	er/sie	schl**ä**ft
wir	fahren	wir	verlassen	wir	schlafen
ihr	fahrt	ihr	verlasst	ihr	schlaft
Sie	fahren	Sie	verlassen	Sie	schlafen
sie	fahren	sie	verlassen	sie	schlafen

- Here are two important verbs which don't follow any of the above patterns.

haben: *to have*		sein: *to be*	
ich	habe	ich	bin
du	hast	du	bist
er/sie	hat	er/sie	ist
wir	haben	wir	sind
ihr	habt	ihr	seid
Sie	haben	Sie	sind
sie	haben	sie	sind

B2 b Du schreibst an deinen Brieffreund.
Schreib richtige Sätze auf Deutsch in dein Heft.

1 Mein Freund und ich, *(we read)* viele Magazine.
2 *(Do you read)* Fußball Magazine?
3 Mein Bruder *(has)* ein Computer.
4 *(Do you have)* ein Computer zu Hause?
5 *(We're going)* nach London.
6 *(Do you go)* manchmal nach Berlin?

B3 Man kann + Infinitive (◁◁ Seite 94)

Man kann means 'you can', or 'one can'.

When you use the phrase 'Man kann' you put the **infinitive** of the **second** verb at the **end** of the sentence, e.g.

Man kann in die Stadt **gehen**. You can (go) into town	Man kann **reiten.** Man kann ins Kino **gehen.** Man kann am Wochenende Golf oder Tennis **spielen.**

B4 Ich möchte + Infinitive (◁◁ Seite 122)

Ich möchte means 'I'd like'.

When you say what you would like to do, you put the infinitive of the second verb at the **end** of the sentence, e.g.

Ich möchte ein Magazin **kaufen.** I'd like (to buy) a magazine	Ich möchte **lesen.** Ich möchte ein Buch **lesen.** Ich möchte mit Rolf und Anna in die Stadt **gehen.**

B3 Schreib die Sätze richtig in dein Heft.

1. kann Man treffen Freunde.
2. schwimmen kann gehen Man.
3. Man Film am einen kann sehen Wochenende.
4. oder kann spielen Basketball Volleyball Man.
5. das Man kann manchmal Rathaus besichtigen.

B4 Schreib die Sätze richtig in dein Heft.

1. möchte Ich ins gehen Kino
2. ein möchte kaufen Hemd Ich.
3. möchte Cola Thomas trinken oder Spezi.
4. Wir oder möchten Äpfel kaufen Bananen.
5. gemischtes essen möchten Eis Wir Sahne mit.

Answer to page 130:

Die Quittung liegt im Einkaufswagen. Inspekteur Müller kann die Quittung lesen. Die Artikel (Brot, Wein, Kartoffeln, etc.) sind im Korb von dem Mann in Rot.

Answer to page 131:

Jakob trägt eine rote Jacke. Moritz trägt eine gelbgrüne Jacke. In Bild 2 ist die rote Jacke **unter** der gelbgrünen Jacke. Das heißt: Jakob war als erster zu Hause – nicht Moritz!

B5 The past tense (also called the perfect tense)

- The perfect tense in German always has two parts.
  The first part of the perfect tense is usually the verb haben.
  The second part is called the **past participle**. It always ends in -t or -en. The past participle comes at the end of the sentence.

1		2
ich **habe** du **hast** er **hat** etc.	...	ge.....**t** ge.....**en**

ich habe	Tennis	gespielt	I played / I've played	tennis
	Bücher und CDs	gekauft	I bought / I've bought	books and CDs
	meine Freunde	getroffen	I met / I've met	my friends
	den Film	gesehen	I saw / I've seen	the film

- Verbs in the past tense from *Mach's gut! 1*:

ich habe gekauft	I (have) bought	ich habe getroffen	I (have) met
ich habe gespielt	I (have) played	ich habe gelesen	I (have) read
ich habe gehört	I (have) listened to	ich habe ferngesehen	I (have) watched TV
ich habe geredet	I (have) talked	ich habe eingeladen	I (have) invited
ich habe gelacht	I (have) laughed	ich habe geschrieben	I wrote (have written)
ich habe getanzt	I (have) danced	ich habe vergessen	I forgot (have forgotten)
ich habe gekriegt	I (have) got, received	ich habe gegessen	I ate (have eaten)
ich habe besichtigt	I (have) visited	ich habe getrunken	I drank (have drunk)
ich habe gemacht	I did (have done)	ich habe gesehen	I saw (have seen)
es hat geregnet	it (has) rained		

B5 a Was hast du gestern gemacht? Wieviele Sätze kannst du schreiben?

Biespiel: Ich habe Schach gespielt.

Schach

CDs

Schloß Nymphenburg

Videos

Hausaufgaben

Magazine

Armband

Brief

- With some verbs, in the past tense, you use sein instead of haben, e.g.

ich **bin** du **bist** er **ist**	gefahren gegangen geblieben	I you he	went (by car, train, bike, etc.) went (on foot) stayed
etc.	gekommen angekommen abgefahren eingestiegen	etc.	came arrived left (by car, train, bike, etc.) got into (car, bus, etc.)

The second part of the verb, the past participle, still goes to the end, e.g.

Ich **bin** um 21 Uhr mit Thomas ins Kino **gegangen.**
Wir **sind** mit dem Bus nach Hamburg **gefahren.**

- Other useful phrases:

ich war (in München)	I was (in Munich)
ich hatte (eine Party)	I had (a party)
es war (toll)	it was (great)
es gab (viel zu essen)	there was (a lot to eat)
es gab (viele Leute)	there were (lots of people)

B5 b Beschreibe einen Ausflug nach Kassel. Wieviele Sätze kannst du schreiben?

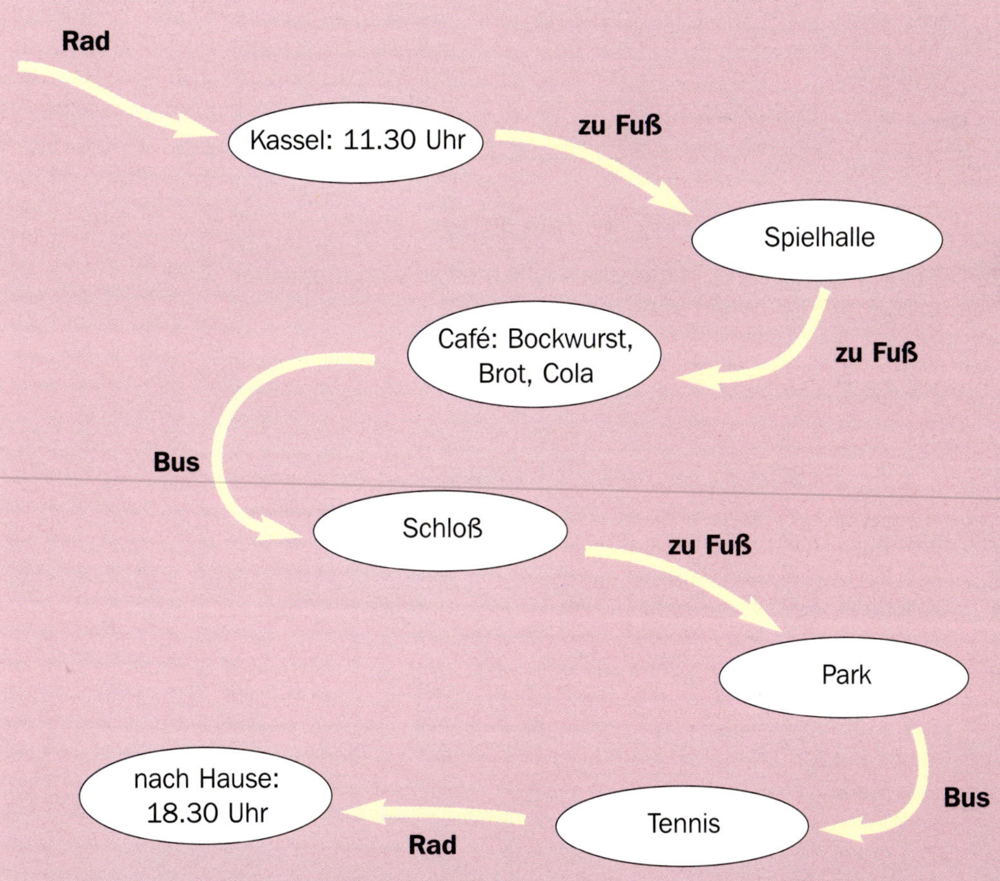

B6 Word order

- In German you usually mention the time or place first. The verb comes next. The verb is always the second element in the sentence.

	Eine Band	kommt	
Am Montag	**kommt**	eine Band	
	Es	gibt	ein Konzert
Im Café	**gibt**	es	ein Konzert
	Ich	habe	Comics gelesen.
Gestern	**habe**	ich	Comics gelesen.

B7 Questions

wann	when	Wann beginnt der Film?
wo	where	Wo wohnst du?
was	what	Was kostet das Brot?
wie	how	Wie kommst du zur Schule?
wieviele	how many	Wieviele Sätze kannst du schreiben?
wer	who	Wer ist älter: Aylin oder Thomas?

⚠ Wie heißt du? What are you called? (= *How are you called*)

- The verb is the second element in questions which begin with a question word.
  Wann **beginnt** die Disko? *When does the disco start?*

B6 Schreib die Sätze in dein Heft.

1 ich | in | den | gehe | Samstag | Jugendklub | am

2 Freizeitzentrum | Disko | im | es | eine | gibt

3 habe | Wochenende | gemacht | ich | Hausaufgaben | am | meine

4 Stadt | Aylin | gestern | die | ich | in | gegangen | mit | bin

5 gegessen | und | Café | wir | im | Hamburger | haben | Schinkenbrot

Glossar

Deutsch–Englisch

A

	ab 8 Uhr	as from 8 o'clock
der	Abend (-e) *m*	evening
	am Samstagabend	on Saturday evening
das	Abendessen *n*	evening meal
	abends	in the evening
	aber	but
	abfahren (*past:* ich bin abgefahren)	to leave
die	Abfahrt *f*	departure
	abgefahren	(*see* abfahren)
	abschmecken: mit Zucker abschmecken	add sugar to taste
	ach nein!	oh no!
	Achtung!	be careful!
die	Adresse (-n) *f*	address
	Ägypten	Egypt
	Akkusativ	= special set of endings (*see* page 152)
die	Akrobatik *f*	acrobatics
	aktuell	current affairs
	alle	all
	alle 30 Minuten	every 30 minutes
	allein	alone
	allergisch (gegen)	allergic (to)
	alles	everything
	alles Liebe	lots of love
	alles: ist das alles?	is that all?
die	Alpen (*pl*)	Alps
	alphabetisch	alphabetical
	als: älter als	older than
	also	so
	alt	old
	älter als	older than
das	Alter *n*	age
	älteste/r	oldest
	altmodisch	old-fashioned
die	Altstadt *f*	historic town centre
der	Alu-Schläger (-) *m*	aluminium bat
	am (Montag)	on (Monday)
	am Wochenende	at the weekend
	am Computer	at the computer
	amerikanisch	American
	an	to
	an welchem Tag?	on what day?
das	Anagramm (-e) *n*	anagram
das	Andenken (-) *n*	souvenir
	andere	other
	ändern	to change
	anders	different
	anders als	different from
	angekommen	(*see* ankommen)
	angeln	to go fishing
	ankommen (*past:* ich bin angekommen)	to arrive
die	Antarktis *f*	Antarctica
die	Annonce (-n) *f*	small ad
die	Antwort (-en) *f*	answer
	antworten	to answer
die	Anweisung (-en) *f*	instruction
der	Apfel (Äpfel) *m*	apple
der	Apfelsaft *m*	apple juice
die	Apotheke (-n) *f*	chemist's
die	Aprikose (-n) *f*	apricot
die	Arbeit *f*	work
	arbeiten (*past:* ich habe gearbeitet)	to work
	arm	poor
das	Armband (Armbänder) *n*	bracelet
der	Ärmel (-) *m*	sleeve
	arrogant	arrogant
der	Artikel (-) *m*	article
die	Atmosphäre *f*	atmosphere
	auch	also
	auch wenn	even if
	auf	onto
	auf Deutsch	in German
	auf Kassette	on cassette
	auf Seite 92	on page 92
	auf Wiedersehen	good bye
	auf die Toilette gehen	to go to the toilet
	schwarz auf gelb	black on yellow
	auffüllen	to top up
	aus	out of, from
	ich komme aus Wales	I come from Wales
	aus dem Keller	out of the cellar
	wann ist das Konzert aus?	when is the concert finished?
	aus der Trick-Kiste	out of the box of tricks
	aus Backstein	made of brick
	aus Leder	made of leather
	wie sieht er aus?	what does he look like?
der	Außerirdische *m*	extra terrestrial
der	Ausflug (Ausflüge) *m*	excursion, trip
	einen Ausflug (nach + town) machen	to go on a trip (to + town)
der	Ausgang *m*	exit
die	Auskunft *f*	information
	ausmachen	to switch off
	den Motor ausmachen	to switch off the engine
der	Auspuff *m*	exhaust fumes
die	Ausrüstung *f*	equipment
	aussprechen	to pronounce
	Australien	Australia
	auswendig	by heart

der Autist m — autistic child
das Auto (-s) n — car
der Autofahrer (-) m — driver
das Autokennzeichen n — number plate

B

die Bäckerei (-en) f — baker's shop
der Backstein m — brick
  aus Backstein — made of brick
das Bad n — (see Badezimmer)
das Badezimmer (-) n — bathroom
der Bahnhof (Bahnhöfe) m — railway station
bald — soon
  bis bald — see you soon
der Balkon m — balcony
das Ballett n — ballet
die Band (-s) f — band, group
die Bank (-en) f — bank
die Bass-Gitarre f — bass guitar
basteln — to make things
bauen (past: ich habe gebaut) — to build
der Bauer (-n) — farmer
der Baum (Bäume) m — tree
  der Weihnachtsbaum m — Christmas tree
  der Stammbaum m — family tree
  das Baumhaus n — tree house
beginnen — to begin
bei: bei X — at X
  bei den Jungen — with the boys
  beim Turnier — at the competition
  bei dir in der Nähe — near you
  bei dir zu Hause — in your home
beim — (see bei)
das Bein (-e) n — leg
das Beispiel (-e) n — example
  zum Beispiel — for example
die Bekleidung f — clothing
Belgien — Belgium
beliebt — popular
  beliebtest/e — most popular
der Beruf m — profession
beschreiben — to describe
die Beschreibung (-en) f — description
besichtigen (past: ich habe besichtigt) — to have a look at
besonders — especially
besser — better
best/e — best
  magst du am besten? — do you like best?
der Besucher (-) m — visitor
das Bett n — bed
  ich gehe ins Bett — I go to bed
bevor — before
die Bewegung (-en) f — movement
beweisen — to prove
bezahlen — to pay
das Bier n — beer
der Biergarten (Biergärten) m — beer garden
das Bild (-er) n — picture
billig — cheap
bin: ich bin — I am
bis — till
  von Januar bis Dezember — from January to December
  bis bald — see you soon
  bis Donnerstag! — see you on Thursday!
  bis zu — up to
bist: du bist — you are
bitte — please
  bitte schön — here you are
bitten (um) — to ask (for)
das Blatt (Blätter) n — 1 sheet of paper 2 worksheet 3 leaf
der Blazer m — blazer
bleiben (past: ich bin geblieben) — to stay
blockieren — to block
der Blumenkohl m — cauliflower
die Bluse (-n) f — blouse
die Bockwurst f — hot dog sausage
die Bohne (-n) f — bean
boomen — to boom
der Boss m — boss
die Boutique (-n) f — boutique, small shop
der Brand m — burn
brauchen — to need
der Brief (-e) m — letter
der Brieffreund (-e) m — male penfriend
die Brieffreundin (-nen) f — female penfriend
der Briefkasten (Briefkästen) m — letter box
die Briefmarke (-n) f — postage stamp
die Brille f — glasses
bringen — to bring
die Brombeere (-n) f — blackberry
die Broschüre (-n) f — brochure
das Brot (-e) n — 1 bread 2 sandwich
  das Schinkenbrot — ham sandwich
  das Pausenbrot — = snack to eat in school break
der Bruder (Brüder) m — brother
Brüssel — Brussels
das Buch (Bücher) n — book
die Buchhandlung (-en) f — bookshop
der Buchstabe (-n) m — letter of the alphabet
die Bude: Wurstbude (-n) f — = caravan which serves hot sausages
der Bulle (-n) m — bull
bunt — multicoloured
die Burg (-en) f — castle
der Bürgermeister (-) m — mayor
das Büro n — office
die Busfahrt f — bus journey
die Butter f — butter
das Butterbrot (-e) n — sandwich

C

das Café (-s) n — café
der Campingplatz (Campingplätze) m — camp site
chaotisch — chaotic
der Charakterzug m — characteristic
checken — to check
chinesisch/e — Chinese
die Chips (pl) — crisps
die Cola f — cola

der Computerladen (Computerläden) *m* computer shop
cool cool
der Cousin (-s) *m* male cousin
die Cousine (-n) *f* female cousin

D

da there
dabei on the other hand
Dänemark Denmark
Dank: vielen Dank many thanks
danke thanks
  danke schön thank you very much
dann then
darf may
  darf ich? may I?
  das mag ich nicht I don't like it
das Datum (Daten) *n* date
der Daumen *m* thumb
dazugeben to add
die DDR *f* = former communist East Germany
deck ... zu cover
dein/e your
denn then
der *1* the
  2 der weiß nicht it doesn't know
Deutsch German
  die Deutschen *(pl)* Germans
Deutschland Germany
die Deutschlehrerin *f* German teacher
das Diagramm *n* diagram
der Dialog (-e) *m* dialogue
dich you
diese/r this, these
dieselben the same
dir you, to you
  gut, danke und dir? fine, thanks, and you?
  tut dir weh hurts
die Diskussion (-en) *f* discussion
diskutieren to discuss
doch: komm doch mal do come
der Dom *m* cathedral
der Donner m thunder
Donnerstag Thursday
doof stupid
das Dorf (Dörfer) *n* village
dort there
  dort drüben over there
dran: du bist dran it's your turn
dritte/n third
  drittgrößt/e third biggest
die Drogerie (-n) *f* chemist, drug store
drüben: dort drüben over there
die Drummerin *f* female drummer
du you
der Dung *m* dung
dunkel dark
  dunkelblonde Haare light brown hair
die Dunkelkammer *f* dark room

E

echt? really?
die Ecke (-n) *f* corner
  um die Ecke around the corner
das Ei (-er) *n* egg
eigen own
  deinen eigenen Brief your own letter
eigentlich actually
einfach *1* simple *2* one way ticket
eingeladen *(see* einladen)
eingestiegen *(see* einsteigen)
einkaufen gehen *(past:* ich bin einkaufen gegangen) to go shopping
die Einkaufspassage (-n) *f* shopping arcade
der Einkaufswagen *m* shopping trolley
einladen *(past:* ich habe eingeladen) to invite
einmal *1* once *2* one portion of *3* one ticket
einpacken to pack
das Einradfahren *n* riding a one-wheeled bicycle
eins one
einsteigen *(past:* ich bin eingestiegen) to get into (bus, train, etc.)
eintauchen to dip in
der Eintritt *m* entrance fee
der Einwohner (-) *m* inhabitant
das Einzelkind (-er) *n* only child
das Eis *n* ice, ice cream
das Eiscafé *n* = café which only serves ice creams
der Eiskaffee *m* iced coffee
eiskalt ice cold
der Elefant (-en) elephant
elektrisch electric
die Eltern *(pl)* parents
das Ende *n* end
enden to end
die Endung (-en) *f* ending
engagiert involved
Englisch English
enthusiastisch enthusiastic
entschuldigen Sie, bitte excuse me, please
er he
die Erbse (-n) *f* pea
die Erdbeere (-n) *f* strawberry
die Erdnuss (Erdnüsse) *f* peanut
erfinden to invent
ergänzen to complete
erkennen to recognize
erste/n first
der Erwachsene *m* adult
erzählen to tell
es it
  es regnet it's raining
  es gab there was, there were
  es geht I'm OK
die Essecke *f* dining corner
essen *(past:* ich habe gegessen) to eat
  ich esse zu Mittag I have lunch
  ich esse zu Abend I have my evening meal

der Essig *m* — vinegar
die Essküche *f* — kitchen/diner
der Esslöffel (-) *m* — table spoon
der Esstisch (-e) *m* — dining table
etwas — something
  sonst noch etwas? — anything else?
euch: seht euch ... an — look at
die Eule (-n) *f* — owl
euren — your
der Experte *m* — expert
das Extrem (-e) *n* — extreme

F

die Fabrik (-en) *f* — factory
das Fach (Fächer) *n* — school subject
die Fahne (-n) *f* — flag
fähr(s)t — *(see* fahren)
fahren (*past:* ich bin gefahren) — to go (by car, bike, etc.); to travel
  Rollschuh fahren — to go roller-skating
  skifahren — to go skiing
der Fahrer (-) *m* — driver
das Fahrrad (Fahrräder) *n* — bicycle
die Fahrt (-en) *f* — journey
fair — fair
falsch — false
die Familie (-n) *f* — family
Fantasialand — = leisure park near Bonn
die Farbe (-n) *f* — colour
faszinierend — fascinating
faul — lazy
der Favorit *m* — favourite
der Federball — badminton
fehlen — to be missing
  fehlt — is missing
Femininum — feminine (nouns with die)
das Fenster (-) *n* — window
fern: ich sehe fern — I watch TV
ferngesehen — *(see* fernsehen)
fernsehen (*past:* ich habe ferngesehen) — to watch TV
das Fernsehen *n* — television
  im Fernsehen — on TV
der Fernseher *m* — TV set
fertig — finished, ready
das Fest (-e) *n* — *1* party
  das Geburtstagsfest — birthday party
  das Grillfest — barbecue *2* festival
das Feuer *n* — fire
filmen — to film
finden — *1* to find
  2 ich finde = I think
findet ... statt — takes place
die Firma (Firmen) *f* — company, firm
der Fisch (-e) *m* — fish
die Flasche (-n) *f* — bottle
das Fleisch *n* — meat
die Fleischwurst *f* — pork sausage
fleißig — hard-working
fliegen — to fly
flirten — to flirt
der Flughafen *m* — airport
das Flugzeug (-e) *n* — aeroplane
der Fluss (Flüsse) *m* — river
das Fohlen *n* — foal
der Förster *m* — forester
das Foto (-s) *n* — photo
der Fotoapparat (-e) *m* — camera
der Fotoladen (Fotoläden) *m* — photo shop
die Frage (-n) *f* — question
fragen — to ask
Frankreich — France
die Frau (-en) *f* — *1* Mrs *2* woman
frei — free
  in freier Form — with few rules
die Freiluft *f* — open air
die Freizeit *f* — free time
das Freizeitzentrum *n* — leisure centre
fressen — to eat (animals)
der Freund (-e) *m* — male friend
die Freundin (-nen) — female friend
freundlich — friendly
friert: es friert — it's freezing
frisch — fresh
frohe Weihnachten — merry Christmas
der Frosch *m* — frog
die Frucht (Früchte) *f* — fruit
das Frühstück *n* — breakfast
frühstücken (*past:* ich habe gefrühstückt) — I have breakfast
füllen — to fill
füll die Lücken — fill the gaps
funktionieren — to function, to work
für — for
  für dich — for you
furchtbar — terrible
der Fuß (Füße) m — foot
  zu Fuß — on foot
die Fußballmannschaft (-en) *f* — football team
die Fußgängerzone *f* — pedestrian precinct
die Fußmassage *f* — foot massage

G

gab: es gab — there was, there were
ganz normal — quite normal
Ganze: geh aufs Ganze — go for the lot!
der Garten (Gärten) *m* — garden
  Biergarten *m* — beer garden
die Gartenarbeit *f* — garden work
der Gast (Gäste) *m* — guest
das Gästezimmer (-) *n* — guest room
die Gaststätte (-n) *f* — restaurant
der Gaul *m* — horse
gebaut — *(see* bauen)
geben — to give
geblieben — *(see* geblieben)
der Geburtstag *m* — birthday
gefahren — *(see* fahren)
gefilmt — *(see* filmen)
geflogen — *(see* fliegen)
gefunden — *(see* finden)

	gegangen	(see gehen)
	gegen	against
das	Gegenteil (-e) *n*	opposite
	gegessen	(see essen)
	gehen (*past:* ich bin gegangen)	to go
	spazieren gehen	to go for a walk
	einkaufen gehen	to go shopping
	schwimmen gehen	to go swimming
	reiten gehen	to go horse riding
	angeln gehen	to go fishing
	gehen wir?	shall we go?
	gehört	(see hören)
	geht: es geht	I'm OK
	geht's: wie geht's?	how are you?
die	Geige *f*	violin
	ich spiele Geige	I play the violin
	gekauft	(see kaufen)
	gekommen	(see kommen)
	gekriegt	(see kriegen)
	gelacht	(see lachen)
	gelb	yellow
das	Geld *n*	money
	gelesen	(see lesen)
	gemacht	(see machen)
	gemischt/es	mixed
das	Gemüse *n*	vegetable
	genau	exactly
	genommen	(see nehmen)
	geparkt	parked
	gerade: nicht gerade billig	not exactly cheap
	geradeaus	straight on
die	Geranie (-n) *f*	geranium
	geregnet	(see regnen)
	gerollt	(see rollen)
das	Geschenk (-e) *n*	present
die	Geschichte (-n) *f*	*1* history *2* story
	geschneit	(see schneien)
die	Geschwister (*pl*)	brothers and sisters
	gesehen	(see sehen)
	gespielt	(see spielen)
	gestern	yesterday
	gestiegen	(see steigen)
	gesungen	(see singen)
	getanzt	(see tanzen)
das	Getränk (-e) *n*	drink
der	Getränkeladen (Getränkeläden) *m*	drinks shop
	getroffen	(see treffen)
	getrunken	(see trinken)
	gewinnen	to win
	gewohnt	(see wohnen)
	gibt	*1* es gibt there is, there are *2* (see geben)
die	Giraffe (-n) *f*	giraffe
die	Gitarre *f*	guitar
das	Glas *n*	glass
	glatte Haare	straight hair
	glauben	to think
	gleich	the same
	ich komme gleich	I'm coming!
das	Gleis *n*	platform
die	Grammatik *f*	grammar
das	Gras *n*	grass
	grau	grey
das	Grillfest *n*	barbecue
	groß	big, large
	Großbritannien	Great Britain
die	Größe (-n) *f*	size
die	Großmutter *f*	grandmother
der	Großvater *m*	grandfather
	grün	green
die	Gruppe (-n) *f*	group
die	Gurke (-n) *f*	cucumber, gherkin
	gut	*1* good *2* fine
	gut gelaunt	in a good mood
	guten Tag	hello

H

das	Haargel *n*	hair gel
	haben (*past:* ich habe gehabt)	to have
	Recht haben	to be right
	hast du mal einen ... ?	have you got a ... for me?
der	Hafen *m*	harbour, port
	hagelt: es hagelt	it's hailing
der	Hahn *m*	cockerel
der	Haken *m*	tick
	Halb-	half
	halbtags	half day
der	Hals *m*	*1* neck *2* throat
	hält	(see halten)
	halten	to hold
	Hamburger	*1* of Hamburg *2* hamburger
	hämmern	to hammer
die	Hand (Hände) *f*	hand
der	Handball *m*	handball
	hängen ... aus	to hang out
	hart	hard
	hassen	to hate
	hast du?	do you have?
	hast du mal einen ... ?	have you got a ... for me?
	hatte	had
das	Haus (Häuser) *n*	house
die	Hausaufgaben (*pl*)	homework
	Hause: bei dir zu Hause	in your home
	nach Hause	home
	zu Hause	at home
die	Hausordnung *f*	= house rules
das	Haustier (-e) *n*	pet
	heb die Hand	put your hand up
das	Heft (-e) *n*	exercise book
	heim	home
	heiß	hot
	heißen	*1* to be called *2* to mean
	das heißt	that means
	wie heißt es auf Deutsch?	what is in German?
	helfen	to help
	hell	light
das	Hemd (-en) *n*	shirt
die	Henne (-n) *f*	hen

	Herr	Mr
das	Herz *n*	heart
der	Heuschnupfen *m*	hay fever
	heute	today
	hier	here
	hilft	*(see* helfen)
die	Himbeere (-n) *f*	raspberry
	hin und zurück	return ticket
	hinter	behind
	hitzefrei	= pupils are allowed home when it's too hot
	hoch	high
	holen	to fetch
	holländisch/e	Dutch
	hör zu	listen
	hören (*past:* ich habe gehört)	to hear, to listen to
der	Horizont *m*	horizon
der	Hund (-e) *m*	dog
	hundert	hundred
der	Hunger *m*	hunger
	ich habe Hunger	I'm hungry
der	Husten *m*	cough
der	Hustensaft	cough mixture

I

	ich	I
die	Idee (-n) *f*	idea
	ihn	*1* him *2* it
	ihr	*1* their *2* her *3* you *4* Ihr *(with capital letter)* your
	im: im Fernsehen	on TV
	im Osten	in the east
	immer	always
	in	in
	in der Nähe von	near
	Indien	India
	indisch	Indian
	Indonesien	Indonesia
die	Industrie *f*	industry
die	Information (-en) *f*	information
	inline skaten	to go roller-blading
	ins	into
	ins Kino	to the cinema
	ins Bett	to bed
das	Insekt (-en) *n*	insect
das	Instrument (-e) *n*	musical instrument
	intelligent	intelligent
	interessant	interesting
das	Interesse (-n) *n*	interest
	interessiere: ich interessiere mich für ...	I'm interested in
	interviewen	to interview
	isst	*(see* essen)
	ist	is
	Italien	Italy

J

	ja	yes
das	Jahr (-e) *n*	year
	im Jahre 2012	in 2012
	jede/n	each
	jeden Tag	every day
	jeder	each person
	jetzt	now
	joggen	to go jogging
der	Jogurt *m*	yoghurt
das	Jonglieren *n*	juggling
die	Jugendliche *(pl)*	young people
	jung: junge Leute	young people
der	Junge (-n) *m*	boy
	jüngere/n	younger

K

der	Kaffee *m*	coffee
der	Kalender (-) *m*	calendar
	Kalifornien	California
	kalt	*1* cold *2 (in rented flat)* basic rent
das	Känguru (-s) *n*	kangaroo
das	Kaninchen (-) *n*	rabbit
	kannnst: du kannst	you can
	kaputt	broken
die	Karotte (-n) *f*	carrot
die	Karriere *f*	career
die	Karte (-n) *f*	*1* map *2* ticket *3* card, postcard
	ich spiele Karten	I play cards
die	Kartoffel (-n) *f*	potato
der	Karton *m*	cardboard
der	Käse *m*	cheese
das	Käsebrot *n*	cheese sandwich
die	Kassette (-n) *f*	cassette
der	Kasten (Kästen) *m*	box
	der Briefkasten *m*	letter box
die	Kategorie (-n) *f*	category
die	Katze (-n) *f*	cat
	kaufen (*past:* ich habe gekauft)	to buy
das	Kaufhaus (Kaufhäuser) *n*	department store
	kein: ich habe kein Haustier	I haven't got a pet
	keine Hände	no hands
	kennen	to know
das	Kennzeichen *n*	*1* characteristic *2* number plate
das	Kind (-er) *n*	child
	Einzelkind *n*	only child
	kindisch	childish
das	Kino (-s) *n*	cinema
die	Kirche (-n) *f*	church
die	Kiste (-n) *f*	chest
	klar	obvious
die	Klasse (-n) *f*	class
das	Klassenzimmer (-) *n*	classroom
das	Klavier *n*	piano
	ich spiele Klavier	I play the piano
	kleben	to stick
der	Kleber *m*	glue stick
der	Klebstreifen *m*	sellotape
die	Kleider *(pl)*	clothes
	klein	small
die	Kleinen *(pl)*	the young
das	Klo *n*	toilet
	knackig	crisp

das Knie (-) *n* knee
der Knopf (Knöpfe) *m* button
kochen to cook, to boil
der Kohl *m* cabbage
die Kokosflocken *(pl)* coconut flakes
kommen (*past:* ich bin gekommen) to come
ich komme gleich I'm coming!
ich komme mit I'll come with you
kommst du mit? would you like to come?
komm! come along!
der Kommentar (-e) *m* comment
kommt ... an arrives
die Komplettküche *f* fully equipped kitchen
kompliziert complicated
der Komponist (-en) *m* composer (of music)
die Konditorei (-en) *f* cake shop
konfus confused
der König (-e) *m* king
können Sie nicht can't you
könnt ihr can you
die Kooperation *f* cooperation
der Kopf (Köpfe) *m* head
die Körner *(pl)* seeds
der Körper (-) *m* body
der Körperteil (-e) part of the body
korrigieren to correct
die Kosmetika *(pl)* cosmetics
kosten (*past:* hat gekostet) to cost
krank ill, sick
das Krankenhaus *n* hospital
die Krawatte *f* tie
der Kreis (-e) *m* circle
der Krieg (-e) *m* war
kriegen (*past:* ich habe gekriegt) to get
der Krimi *m* thriller
die Küche (-n) *f* kitchen
der Kuchen (-) *m* cake
die Kuh (Kühe) *f* cow
kühler (als) cooler (than)
die Kunst *f* art

L

lachen (*past:* ich habe gelacht) to laugh
der Laden (Läden) *m* shop
der Ladenschluss *m* shop closing time
das Land (Länder) *n* country
lang long
lange for a long time
längste/n longest
langweilig boring
laufen to run
Schlittschuh laufen to go ice-skating
laut loud
leben to live
das Leben *n* life
lebendig full of life
das Leder *n* leather
legen to lay
die Legende *f* key (e.g. on map)
der Lehrer (-) *m* male teacher
die Lehrerin (-nen) *f* female teacher
die Leichtathletik *f* light athletics
Leid: es tut mir Leid I'm sorry
leiden: ich kann ... nicht leiden I can't stand ...
leihen to lend
ich leihe mir ... aus I hire
lernen to learn
lesen (*past:* ich habe gelesen) to read
letzte/n last
letzte Woche last week
die Leute *(pl)* people
junge Leute young people
liebe (Anna) dear (Anna)
die Liebe *f* love
alles Liebe lots of love
lieben to love
lieber *1* lieber (Peter) dear (Peter) *2* rather
ich mag lieber I prefer
Lieblings- favourite
das Lied (-er) *n* song
liegen to lie
lies(t) *(see* lesen)
der Lift *m* lift
die Limonade *f* lemonade
das Lineal (-e) *n* ruler
die Linie (-n) *f* line
links left, on the left
die Liste (-n) *f* list
lockig curly
logisch logical
los: was ist los? *1* what's on? *2* what's wrong?
die Lösung (-en) *f* solution
die Lotterie *f* lottery
Lotto bingo
die Lücke (-n) *f* gaps
füll die Lücken fill the gaps
lustig *1* cheerful, full of fun *2* funny
es war lustig it was fun
Lybien Lybia

M

mach ... auf open
machen (*past:* ich habe gemacht) to do, to make
einen Ausflug (nach + town) machen to go on a trip (to + town)
mach einen Haken put a tick
mach Notizen make notes
das Mädchen (-) *n* girl
mag: ich mag I like
ich mag lieber I prefer
der Magen *m* stomach
magst du do you like?
mal sometimes
wieder mal once again
hast du mal einen ... ? have you got a ... for me?
zweimal *1* twice *2* two portions of

hundert Mal — a hundred times
man: man kann hier Rad fahren — you can cycle here
wie sagt man X? — how do you say X?
man kann Fisch kaufen — you can buy fish
manchmal — sometimes
der Mann (Männer) *m* — man
die Mannschaft (-en) *f* — team
die Marke *f* — brand name
der Markt (Märkte) *m* — market
der Marktplatz (Marktplätze) *m* — market square
die Maschine (-n) *f* — machine
Maskulinum — masculine (nouns with der)
Mathe — maths
die Maus (Mäuse) *f* — mouse
maximal — at the most
das Medikament (-e) *n* — medicine
die Medizin *f* — medicine
mehr — more
mein/e — my
meinen — to think
was meinst du? — what do you think?
meiner — mine
die Meinung (-en) *f* — opinion
der Meister *m* — male champion
die Meisterin *f* — female champion
melken — to milk
die Melone *f* — melon
der Mensch (-en) *m* — person
die Methode *f* — method
die Metzgerei (-en) *f* — butcher's shop
die Miete *f* — rent
die Milch *f* — milk
die Million (-en) *f* — million
das Mineralwasser *n* — mineral water
die Minute (-n) *f* — minute
die Minze *f* — mint
mir: es tut mir Leid — I'm sorry
ich habe mir ... gekauft — I bought myself ...
tut mir weh — hurts
mit — with
kommst du mit? — would you like to come?
mitbringen — to bring along
der Mittag *m* — midday
das Mittagessen *n* — midday meal
mittags — at midday
die Mittagspause *f* — midday break
die Mitte *f* — middle
in der Mitte von — in the middle of
mittelgroß — medium
mittellang — medium length
Mitternacht — midnight
bis Mitternacht — till midnight
mittlerweile — currently
Möbel *(pl)* — furniture
möchte: ich möchte — I'd like
die Mode *f* — fashion
das Modell (-e) *n* — model
modisch — fashionable
die Monatskarte *f* — month's season ticket

der Mond *m* — moon
der Mord *m* — murder
der Morgen m — morning
am Montagmorgen — on Monday morning
morgens — in the morning
der Motor *m* — motor
das Motorrad (Motorräder) *n* — motorbike
motzen — to moan
München — Munich
Münchner — of Munich
der Mund *m* — mouth
die Musik *f* — music
die Musiksendung *f* — music programme (TV/radio)
musikalisch — musical
der Musikant (-en) *m* — musician
die Muskel (-n) *f* — muscle
muss: ich muss — I must
müssen — to have to
die Mutter *f* — mother
der Muttertag *m* — Mothers' Day
die Mutti *f* — mum

N

nach *1* after nach der Schule — after school
2 to nach Österreich — to Austria
nach Hause — home
3 nach dem Modell — like in the model
der Nachbar (-n) *m* — neighbour
das Nachbarland (Nachbarländer) *n* — neighbouring country
der Nachmittag *m* — afternoon
am Dienstagnachmittag — on Tuesday afternoon
nachmittags — in the afternoon
die Nachrichten *(pl)* — news
nächste/n — *1* nearest *2* next
nah — near
Nähe: in der Nähe (von) — near, nearby
bei dir in der Nähe — near you
der Name (-n) *m* — name
die Natur *f* — nature
natürlich — of course, naturally
negativ — negative
nehmen — to take
ein Bad nehmen — to take a bath
ich nehme die Hose — I'll take the trousers
nein — no
nett — friendly
neu — new
Neujahrstag — New Year's Day
Neuseeland — New Zealand
Neutrum — neuter (nouns with das)
nicht — not
überhaupt nicht — not at all
nicht nur — not only
nichts — nothing
überhaupt nichts — nothing at all
nie — never
noch: noch andere — other
noch einmal — once again
die Nordsee *f* — North Sea

	Nordwesten	north west
	normal	normal, normally
	normalerweise	normally, usually
	Norwegen	Norway
die	Notiz (-en) *f*	note
die	Nummer (-n) *f*	number
	Nummer eins	number one
	nur	only
	nicht nur	not only
O	oben	*1* at the top *2* upstairs
das	Obst *n*	fruit
der	Obst-und Gemüseladen *m*	grocer's
der	Ochs (-en) *m*	ox
	oder	or
	oder?	wasn't it?
der	Ofen (Öfen) *m*	oven
	oft	often
	ohne	without
der	Ohrring (-e) *m*	ear ring
	ökofreundlich	environmentally friendly
das	Öl *n*	oil
die	Oma *f*	granny
der	Onkel (-) *m*	uncle
	ordentlich	tidy
die	Ordnung *f*	order, tidiness
	originell	original
der	Osten *m*	east
	Ostern	Easter
	Österreich	Austria
	östlich von	to the east of
die	Ostsee *f*	Baltic Sea
P	packt ... ein	packs
das	Paket (-e) *n*	parcel
	Päng!	bang!
die	Panorama-Kanzel *f*	panorama platform
die	Pantomime *f*	mime
das	Papier (-e) *n*	paper
das	Paradies *n*	paradise
der	Park *m*	park
das	Parkhaus *n*	multi-storey car park
der	Partner (-) *m*	male partner
die	Partnerarbeit *f*	partner work
die	Partnerin (-nen) *f*	female partner
die	Partnerklasse *f*	partner class
die	Party (-s) *f*	party
der	Pass (Pässe) *m*	passport
	pass auf!	be careful!
	passen	to fit, to match
die	Pause (-n) *f*	*1* break (e.g. midday break) *2* pause (e.g. on cassette)
das	Pausenbrot *n*	= snack to eat in school break
die	Person (-en) *f*	person
der	Pfeffer *m*	pepper
das	Pferd (-e) *n*	horse
die	Pflanze (-n) *f*	plant
das	Pfund *n*	pound
die	Phrase (-n) *f*	phrase
das	Picknick *n*	picnic
der	Pilz (-e) *m*	mushroom
der	Pinguin (-e) *m*	penguin
der	Plan *m*	plan
	planen	to plan
	plötzlich	suddenly
	Polen	Poland
die	Polizei *f*	police
die	Pommes frites *(pl)*	chips, French fries
das	Porträt *n*	portrait
	positiv	positive
die	Post *f*	post office
die	Postkarte (-n) *f*	postcard
	Prag	Prague
	praktisch	practical, convenient
die	Predigt *f*	sermon
der	Preis (-e) *m*	price
	pro	per
	ein Punkt pro Wort	one point per word
das	Problem (-e) *n*	problem
	produzieren	to produce
das	Projekt *n*	project
	Prozent	percent
der	Pudding *m*	custard
der	Puder *m*	powder
der	Punkt (-e) *m*	point
	pürieren	to puree
Q	Quatsch!	rubbish!
R das	Rad *n*	bicycle
	Rad fahren	to cycle
der	Radiergummi *m*	rubber
	raten	to guess
das	Rathaus *n*	town hall
das	Rätsel (-) *n*	puzzle
die	Ratte (-n) *f*	rat
das	Raumschiff *n*	spaceship
die	Reaktion (-en) *f*	reaction
	Recht: du hast Recht	you're right
	rechts	right, on the right
	reden (*past:* ich habe geredet)	to speak
die	Regel (-n) *f*	rule
der	Regen *m*	rain
	registriert	registered
	regnen (*past:* es hat geregnet)	to rain
	regnet: es regnet	it's raining
	reich	rich
die	Reihenfolge (-n) *f*	order
	in der richtigen Reihenfolge	in the right order
	in alphabetischer Reihenfolge	in alphabetical order
das	Reihenhaus *n*	terraced house
der	Reisepass (Reisepässe) *m*	passport
der	Reißverschluss *m*	zip
	reiten	*1* horse riding *2* to go horse riding
der	Rekord (-e) *m*	record
	renovieren	to renovate

das	Rezept (-e) *n*	recipe
	richtig	right, correct
die	Richtung *f*	direction
die	Rolle *f*	rôle, part (in a play)
	rollen	to roll
	Rollschuh fahren	to go roller-skating
	Rom	Rome
die	Rose (-n) *f*	rose
der	Rosenkohl *m*	Brussels sprouts
die	Rosine (-n) *f*	raisin
	rösten	to roast
die	Routine *f*	daily routine
der	Rücken (-) *m*	back
die	Ruhe *f*	quiet, silence
	ruhig	quiet
	rund	about
die	Rundfahrt (-en) *f*	tour

S

die	S-Bahn *f*	= suburban railway
die	Sache (-n) *f*	thing
der	Saft *m*	juice
	der Hustensaft	cough mixture
	sagen (*past:* ich habe gesagt)	to say
die	Sahne *f*	cream
	mit Sahne	with cream
	ohne Sahne	without cream
die	Saison *f*	season
der	Salat (-e) *m*	salad
die	Salbe *f*	ointment, cream
das	Salz *n*	salt
	sammeln	to collect
der	Satz (Sätze) *m*	sentence
	sauer	sour
das	Schach *n*	chess
das	Schaf (-e) *n*	sheep
der	Schaffner (-) *m*	ticket inspector
	schalte ... an	switch ... on
der	Schatten *m*	shade
	Schattentiere	shadow puppet animals
	Schattenwelt *f*	shadow world
	schau	look
die	Schere *f*	scissors
	scheußlich	awful
	schicken (*past:* ich habe geschickt)	to send
das	Schiff (-e) *n*	ship
das	Schild (-er) *n*	sign
der	Schinken (-) *m*	ham
	schlafen (*past:* ich habe geschlafen)	to sleep
	schläft	(*see* schlafen)
das	Schlafzimmer (-) *n*	bedroom
der	Schläger (-) *m*	bat, club
das	Schlagzeug *n*	percussion
	schlecht	bad
	nicht schlecht	not bad
	schlecht gelaunt	in a bad mood
	Schlittschuh laufen	to go ice-skating
das	Schloss (Schlösser) *n*	palace, castle
der	Schlussverkauf *m*	shop sales
der	Schnee *m*	snow
	schneiden	to cut
	schneide ... aus	cut out
	schneien (*past:* es hat geschneit)	to snow
	schneit: es schneit	it's snowing
	schnell	quick
	schön	nice, beautiful
	wunderschön	wonderful
	bitte schön	here you are
	danke schön	thank you very much
der	Schrank (Schränke) *m*	cupboard
	schrecklich	awful
	schreib ... auf	write down
	schreib bitte bald	please write soon
	schreiben (*past:* ich habe geschrieben)	to write
der	Schreibtisch (-e) *m*	desk
	schüchtern	shy
der	Schuhladen *m*	shoe shop
die	Schule (-n) *f*	school
der	Schüler (-) *m*	male pupil
das	Schülerbuch *n*	pupil's book
die	Schülerin (-nen) *f*	female pupil
das	Schulfach (Schulfächer) *n*	school subject
die	Schuluniform *f*	school uniform
die	Schüssel *f*	bowl
	Schweden	Sweden
die	Schweiz *f*	Switzerland
der	Schweizer *m*	Swiss
die	Schwester (-n) *f*	sister
	schwierig	difficult
das	Schwimmbad (Schwimmbäder) *n*	swimming pool
	schwimmen	to swim
	schwitzen	to sweat
	sechsmal	six times
der	See (Seen) *m*	lake
die	See *f*	sea
	sehen (*past:* ich habe gesehen)	to see, to watch
	ich sehe fern	I watch TV
	sehr	very
	seht euch ... an	look at
	seid: ihr seid	you are
	sein	*1* to be *2* sein his
die	Seite (-n) *f*	*1* page *2* side
die	Sendung (-en) *f*	TV/Radio programme
die	Serie (-n) *f*	series
	Fernsehserie *f*	soap opera
	servieren	to serve
der	Sessel (-) *m*	armchair
die	Sicherheitsnadel *f*	safety pin
	sie	*1* she *2* they *3* Sie (with capital letter) you
	sieh (dir) ... an	look at
	sieht	(*see* sehen)
	sieht ... fern	watches TV
	sieht ... aus	looks
	wie sieht er aus?	what does he look like?
	sind	are
	singen	to sing
	sing mit	sing along
die	Situation (-en) *f*	situation

sitzen — to sit
skifahren — to go skiing
der Skifahrer (-) *m* — skier
so — in this way
so viele ... wie ... — as many ... as ...
das Sofa (-s) *n* — sofa
der Sommer *m* — summer
die Sonne (-n) *f* — sun
der Sonnenbrand *m* — sun burn
der Sonnenschein *m* — sunshine
sonnig — sunny
sonst noch etwas? — anything else?
die Sorte (-n) *f* — sort, type
Spanien — Spain
der Spaß *m* — fun
spät — late
später — later
spazieren gehen (*past:* ich bin spazieren gegangen) — to go for a walk
der Spezi *m* — = cola mixed with lemonade
spezial — special
der Spiegel (-) *m* — mirror
das Spiel (-e) *n* — game
spielen (*past:* ich habe gespielt) — to play
ich spiele Geige — I play the violin
der Spieler (-) *m* — player
die Spielhalle (-n) *f* — amusement arcade
der Spielplatz (Spielplätze) *m* — playground
der Sport *m* — sport
die Sportbekleidung *f* — sportswear
sportlich — sporty
der Sportplatz (Sportplätze) *m* — sportsground
die Sportsendung (-en) *f* — sports programme (Radio, TV)
das Sportzentrum (Sportzentren) *n* — sports centre
sprich — say
sprich nach — repeat
spricht ... aus — (*see* aussprechen)
das Sprudelwasser *n* — sparkling mineral water
stabil — stable
das Stadion (Stadien) *n* — stadium
die Stadt (Städte) *f* — town
die Altstadt *f* — historic town centre
städtisch — municipal, town
die Stadtmitte *f* — town centre
der Stadtplan *m* — town plan
das Stadtzentrum *n* — town centre
der Stammbaum *m* — family tree
stattfinden — to take place
stehe: ich stehe ... auf — I get up
stehen — to stand
steigen (in) — to climb (into)
stellen *1* Fragen stellen — to ask questions
2 kalt stellen — store in a cool place
der Stepptanz *m* — stepdancing
die Stereoanlage (-n) *f* — hi-fi system
der Stern (-e) *m* — star
die Stiefmutter *f* — step mother
der Stift (-e) *m* — pen
stimmt: das stimmt — that's right
das stimmt nicht — that's not true
stinken — to stink
stinklangweilig — deadly boring
Stock: im zweiten Stock — on the second floor
der Stollen *m* — = German Christmas cake
die Straße (-n) *f* — street, road
die Straßenbahn *f* — tram
das Straßencafé (-s) *n* — street café
der Straßenmusikant (-en) *m* — street musician
der Streetballer (-) *m* — streetball player
streichen — to spread
streng — strict
das Stück (-e) *n* — piece
die Stunde (-n) *f* — *1* hour *2* lesson
der Stundenplan *m* — timetable
stur — stubborn
suchen — to look for
Südamerika — South America
der Süden *m* — south
südlich von — to the south of
super — great, super
der Supermarkt (Supermärkte) *m* — supermarket
süß — sweet

T

die Tabelle *f* — grid, table
die Tablette (-n) *f* — tablet
Tafel: eine Tafel Schokolade — bar of chocolate
der Tag (-e) *m* — day
Tag! — hello
jeden Tag — every day
die Tagesschau *f* — TV news
täglich — every day
die Tante (-n) *f* — aunt
tanzen — *1* to dance *2* dancing
die Tasse (-n) *f* — cup
die Technik *f* — technology
der Tee *m* — tea
der Teelöffel (-) *m* — teaspoon
telefonieren — to phone
mit Toni telefonieren — to phone Toni
die Telefonnummer (-n) *f* — telephone number
die Telefonzelle (-n) *f* — telephone booth
der Tennisschuh (-e) *m* — tennis shoe
der Teppichboden (Teppichböden) *m* — carpet
die Terrasse *f* — terrace
die Terrassenwohnung *f* — flat with a terrace
teuer — expensive
das Theater *n* — theatre
das Thema (Themen) *n* — theme
das Tier (-e) *n* — animal
das Haustier — pet
der Tierpark *m* — zoo
der Tierschutz *m* — protection of animals
der Tisch (-e) *m* — table
der Tischtennis *m* — table tennis
tja — well
toasten — to toast
toll — great, wonderful
der Tourist (-en) *m* — tourist

	trage ... ein	write in
	tragen (*past:* ich habe getragen)	to wear
die	Traube (-n) *f*	grape
der	Traum *m*	dream
	träumen	to dream
	traurig	sad
	treffen (*past:* ich habe getroffen)	to meet
	treiben: Sport treiben	to do sports
die	Treppe *f*	staircase
der	Trickfilm (-e) *m*	cartoon
	triff(s)t	(see treffen)
	trinken (*past:* ich habe getrunken)	to drink
	trocknen	to dry
	tropisch/e	tropical
der	Trumpf *m*	trump
	Tschechische Republik	Czech Republic
	tschüs	bye!
die	Tür (-en) *f*	door
	türkisch	Turkish
der	Turm (Türme) *m*	tower
die	Turnhalle (-n) *f*	gym, sports hall
das	Turnier *n*	competition
	tut	*1* es tut mir Leid I'm sorry *2* tut mir weh hurts
	typisch	typical

U

die	U-Bahn *f*	underground railway
	die U-Bahnstation	underground railway station
	übel: mir ist übel	I'm feeling sick
	üben	to practise
	über	*1* via *2* about
	überhaupt: überhaupt nicht	not at all
	überhaupt nichts	nothing at all
	übt	(see üben)
die	Übung (-en) *f*	exercise
die	Uhr *f*	*1* o'clock um elf Uhr at 11 o'clock *2* watch, clock
	um *1* um zwei Uhr	at 2 o'clock
	2 um die Ecke	around the corner
	3 um die 200 Mark	about 200 Marks
die	Umfrage *f*	survey
der	Umlaut *m*	= the 2 dots over a, o or u.
	umsteigen	to change trains
	und	and
	unfreundlich	unfriendly
	Ungarn	Hungary
	ungefähr	about
die	Uniform *f*	uniform
	unlogisch	illogical
	unordentlich	messy
die	Unordnung *f*	mess
	uns	us
	unser	our
	unten	downstairs
	usw.	etc.

V

das	Vanilleeis *n*	vanilla ice cream
der	Vater *m*	father
der	Vegetarier *m*	male vegetarian
die	Vegetarierin *f*	female vegetarian
	verbinde	join, link
	vergessen (*past:* ich habe vergessen)	to forget
	verheiratet	married
das	Verkehrsamt *n*	information office
	verkratzen	to scratch
der	Verlag *m*	publishers
	verlassen (*past:* ich habe verlassen)	to leave
	verliebt (in)	in love (with)
	vermieten	to let
	verstehen	to understand
der	Videoladen *m*	video shop
	viel	a lot
	viele	many
	so viele ... wie ...	as many ... as ...
	vielen Dank (für)	many thanks (for)
	vieles	*1* a lot *2* many things
	vierte/n	fourth
die	Vokabel (-n) *f*	vocabulary
	von	*1* of *2* from
	von Katrin	from Katrin
	von welchem Gleis?	from which platform?
	vor	*1* before *2* in front of *3* vor einer Woche a week ago
der	Vorhang (Vorhänge) *m*	curtain

W

der	Wagen m: Einkaufswagen *m*	shopping trolley
	wählen	to choose
	während	during
der	Wald (Wälder) *m*	woods
die	Wand (Wände) *f*	wall
	wandern (*past:* ich bin gewandert)	to hike
	wann?	when?
	war	was
	wäre: es wäre schön	it would be nice
	waren	were
	warm	warm
	Warschau	Warsaw
	warum?	why?
	was	what
	was ist das?	what's that?
	was meinst du?	what do you think?
	was passt zusammen?	what goes together?
	was ist los?	*1* what's on? *2* what's wrong?
	was er will	whatever it wants to
die	Waschküche *f*	= utility room
die	Waschmaschine *f*	washing machine
das	Wasser *n*	water
	wecken	to wake
	weg: weit weg	far away
	weh: tut mir weh	hurts
	weich	soft
	Weihnachten	Christmas
das	Weihnachtsgebäck *n*	Christmas biscuits
	weinen	to cry
	weiß	*1* white *2* ich weiß (nicht) I (don't) know
	der weiß nicht	it doesn't know

weit | far
  zu weit | too far
  weit weg | far away
weiter | further
welche/r | which?
die Welt *f* | world
der Weltrekord *m* | world record
weniger | less
wenn | when
wer? | who?
der Werbe-Spot *n* | advertisement
werden | to become
der Westen *m* | west
der Western (-) *m* | western (film)
das Wetter *n* | weather
wie | *1* how
  wie doof | how silly
  wie geht's | how are you?
  wie schreibt man das? | how do you spell it?
  wie spricht man X aus? | how do you pronounce X?
  wie alt? | how old?
  2 as
  so beliebt wie Fußball | as popular as football
  so viele ... wie ... | as many ... as ...
  3 what
  wie ist das Wetter heute? | what's the weather like today?
  wie sieht er aus? | what does he look like?
wieder | again
  wieder mal | once again
die Wiederholung *f* | revision
Wiedersehen: auf Wiedersehen | good bye
Wien | Vienna
wieviel? | how much?
wieviele | how many?
will | want(s) to
  was er will | whatever it wants to
willkommen | welcome
der Wind (-e) *m* | wind
der Winter (-) *m* | winter
der Winterhut *m* | winter hat
wir | we
  gehen wir? | shall we go?
wirklich | really
der Witz (-e) *m* | joke
wo? | where?
die Woche (-n) *f* | week
das Wochenende *n* | weekend
woher? | from where?
wohin? | where to?
der Wohnblock *m* | block of flats
wohnen (*past:* ich habe gewohnt) | to live
der Wohnort *m* | place of residence
die Wohnung (-en) *f* | flat
der Wolf (Wölfe) *m* | wolf

wollen | want to go
das Wort (Wörter) *n* | word
die Wort-Sonne (-n) *f* | word sun
das Wörterbuch (Wörterbücher) *n* | dictionary
die Wortreihe (-n) *f* | series of words
wunderschön | wonderful
der Würfel *m* | dice
die Wurst *f* | sausage
die Wurstbude (-n) *f* | = caravan which serves hot sausages

Z

die Zahl *f* | number
zahlen | to pay
der Zahn (Zähne) *m* | tooth
die Zahnpasta | tooth paste
zeichnen | to draw
die Zeit *f* | time
  die Freizeit | free time
die Zeitung (-en) *f* | newspaper
die Zentralheizung *f* | central heating
zerkleinern | to puree
das Ziel *n* | destination
ziemlich | quite, fairly
die Ziffer *f* | number, figure
das Zimmer (-) *n* | room
der Zirkus *m* | circus
die Zitrone (-n) *f* | lemon
der Zoo *m* | zoo
zu *1* at zu Ende | finished, at an end
  zu Hause | at home
  bei dir zu Hause | in your home
  2 too zu spät | too late
  zu viel | too much
  zu weit | too far
  3 zu essen | to eat
  zu vermieten | to let
  4 zu Fuß | on foot
  5 ich esse zu Mittag | I have lunch
der Zucker *m* | sugar
zudecken | to cover
zuerst | at first
der Zug (Züge) *m* | train
zum: zum Beispiel | for example
  zum Spielen | in order to play
zur (Schule) | to (school)
zurück: hin und zurück | return ticket
zusammen | together
zweimal | *1* twice *2* two portions of *3* two tickets
zweite/n | second
zweitgrößte/s | second biggest
die Zwiebel (-n) *f* | onion
zwischen | between
zwischendrin | in between

Englisch–Deutsch

A

add (flour)	(Mehl) dazugeben
advert	die Werbung
aeroplane	das Flugzeug (-e)
after (school)	nach (der Schule)
also	auch
always	immer
animal	das Tier (-e)
apple	der Apfel (*pl* Äpfel)
are: you are	du bist
they are	sie sind
there are	es gibt
arm	der Arm (-e)
arrive: I arrive	ich komme an (*past:* ich bin angekommen)
when does the train arrive?	wann kommt der Zug an?
Art	Kunst
at: at six o'clock	um sechs Uhr
at the weekend	am Wochenende
Austria	Österreich
awful	scheußlich, furchtbar

B

bake	backen
bar of chocolate	die Tafel Schokolade
barbecue	das Grillfest (-e)
bed	das Bett
I go to bed	ich gehe ins Bett
big	groß
bird	der Vogel (*pl* Vögel)
birthday	der Geburtstag (-e)
biscuit	der Keks (-e)
black	schwarz
blouse	die Bluse (-n)
blue	blau
boil	kochen
bread	das Brot
breakfast	das Frühstück
I have breakfast	ich frühstücke
brother	der Bruder (*pl* Brüder)
brown	braun
bus-stop	die Bushaltestelle
but	aber
buy	kaufen (*past:* ich habe gekauft)
by: by bike	mit dem Rad
bye!	tschüs!

C

cereals	Corn Flakes, etc.
change: do I have to change trains?	muss ich umsteigen?
chat	reden (*past:* ich habe geredet)
cheap	billig
cheese	der Käse
chess	Schach
chips (*pl*)	die Pommes frites
chocolate	die Schokolade
clothes	(*pl*) die Kleider
coffee	der Kaffee
come	kommen (*past:* ich bin gekommen)
computer	der Computer
cost	kosten (*past:* es hat gekostet)
cricket	Cricket
crisps	(*pl*) die Chips
cupboard	der Schrank (pl Schränke)
cycling: I go cycling	ich fahre Rad

D

dancing: we go dancing	wir gehen tanzen
dark	dunkel
day	der Tag (-e)
every day	jeden Tag
dear Anne	liebe Anne
dear Peter	lieber Peter
dear (expensive)	teuer
dessert	das Dessert
do	machen (*past:* ich habe gemacht)
do you do any sport?	treibst du Sport?
what do you do on Sunday?	was machst du am Sonntag?
do you have any peaches?	haben Sie Pfirsiche?
documentary	der Dokumentarfilm
downstairs	unten
drink	trinken (*past:* ich habe getrunken)

E

ear	das Ohr (-en)
eat	essen (*past:* ich habe gegessen)
egg	das Ei (-er)
everything	alles
expensive	teuer
eye	das Auge (-n)

F

far	weit
too far away	zu weit weg
father	der Vater
favourite subject	das Lieblingsfach (*pl* Lieblingsfächer)
film	der Film (-e)
finger	der Finger (-)
fish	der Fisch (-e)
fishing: we go fishing	wir gehen angeln
flour	das Mehl
foot	der Fuß (*pl* Füße)
on foot	zu Fuß
football	der Fußball
I play football	ich spiele Fußball
forget	vergessen (*past:* ich habe vergessen)
fossil	das Fossil (-ien)
France	Frankreich
friend *male*	der Freund(-e)
female	die Freundin(-nen)
from ... till ...	von ... bis ...
fruit	das Obst

G German | deutsch
  I speak German | ich spreche deutsch
Germany | Deutschland
get | kriegen (*past:* ich habe gekriegt)
get up: I get up | ich stehe auf
go (on foot) | gehen (*past:* ich bin gegangen)
  (by car, bike, etc.) | fahren (*past:* ich bin gefahren)
good bye | auf Wiedersehen
great | super, toll
green | grün
grey | grau
guitar | die Gitarre
  I play the guitar | ich spiele Gitarre

H had: I had | ich hatte
half-brother | der Halbbruder (*pl* Halbbrüder)
half-sister | die Halbschwester (-n)
hall | die Diele
ham | der Schinken
hand | die Hand (Hände)
has | hat
have | haben (*past:* ich habe gehabt)
he | er
here | hier
homework | *(pl)* die Hausaufgaben
  I've done my homework | ich habe meine Hausaufgaben gemacht
horse | das Pferd (-e)

I I'm all right | es geht
I | ich
  I am | ich bin
  I like | ich mag
Ireland | Irland
is | ist
  there is | es gibt

J jacket | die Jacke (-n)
juice | der Saft (*pl* Säfte)

K know: I don't know | ich weiß es nicht

L large | groß
last: last week | letzte Woche
  last year | letztes Jahr
leave | verlassen (*past:* ich habe verlassen)
leg | das Bein (-e)
light | hell
  light blue | hellblau
like: I like | ich mag
  I'd like to buy | ich möchte kaufen
listen to | hören (*past:* ich habe gehört)
little | klein
live | wohnen (*past:* ich habe gewohnt)
lots of love | alles Liebe
lunch | das Mittagessen
  I have lunch | ich esse zu Mittag

M machine | die Maschine (-n)
margarine | die Margarine
marmalade | die Orangenmarmelade
meat | das Fleisch
meet | treffen (*past:* ich habe getroffen)
milk | die Milch
mother | die Mutter
motorbike | das Motorrad (Motorräder)
moustache | der Schnurrbart
mouth | der Mund

N name: my name is ... | ich heiße ...
nearby | in der Nähe
need | brauchen (*past:* ich habe gebraucht)
never | nie
newsagent's | der Zeitungsladen
nice | nett
nonsense! | Quatsch!

O often | oft
oil | das Öl
on: on foot | zu Fuß
  on Wednesday | am Mittwoch
or | oder

P parents | *(pl)* die Eltern
patio | die Terrasse
pay | zahlen (*past:* ich habe gezahlt)
people | *(pl)* die Leute
pet | das Haustier(-e)
piano | das Klavier
  I play the piano | ich spiele Klavier
platform | das Gleis
  from which platform? | von welchem Gleis?
play | spielen (*past:* ich habe gespielt)
please | bitte
prefer: I prefer | ich mag ... lieber
present | das Geschenk (-e)
programme (TV programme) | die Sendung (-en)
pullover | der Pulli (-s)
put | stellen

Q quite | ziemlich

R rain | der Regen
  it's raining | es regnet
  it rained | es hat geregnet
rat | die Ratte (-n)
read | lesen (*past:* ich habe gelesen)
red | rot
return ticket | hin und zurück
riding: I go riding | ich gehe reiten
right: on the right | rechts
  that's right | das stimmt, das ist richtig
rug | der Teppich
rugby | Rugby

S

salad der Salat
salt das Salz
sandwich das Butterbrot (-e)
sausage die Wurst (*pl* Würste)
scissors die Schere
Scotland Schottland
semi-detached house die Doppelhaushälfte
she sie
shirt das Hemd (-en)
shoe der Schuh (-e)
shop der Laden (*pl* Läden)
shopping: we go shopping wir gehen einkaufen
shy schüchtern
single ticket einfach
sister die Schwester (-n)
skirt der Rock (*pl* Röcke)
sleep schlafen (*past:* ich habe geschlafen)
small klein
snow der Schnee
 it's snowing es schneit
 it snowed es hat geschneit
sometimes manchmal
soon bald
 see you soon! bis bald!
souvenir das Andenken (-n)
Spain Spanien
stir rühren
study das Arbeitszimmer
stupid doof
sugar der Zucker
sweet süß
swimming: I go swimming ich gehe schwimmen
Switzerland die Schweiz

T

tea der Tee
thank you danke (schön)
then dann
there is, there are es gibt
they sie
think: I think it's great ich finde, es ist super
tie die Krawatte (-n)
to: to Leeds nach Leeds
 to bed ins Bett
toast der Toast
too auch
 too much zu viel
town die Stadt (*pl* Städte)
 I go to town ich gehe in die Stadt
train: by train mit dem Zug
trip der Ausflug (*pl* Ausflüge)
 I went on a trip to Bonn ich habe einen Ausflug nach Bonn gemacht
trousers die Hose (-n)
TV der Fernseher
 I watch TV ich sehe fern

U

understand: don't understand ich verstehe es nicht
upstairs oben
utility room die Waschküche, das Mehrzweckzimmer

V

vegetable(s) das Gemüse
very sehr

W

was war
 there was es gab
watch TV fernsehen
 I watch TV ich sehe fern (*past:* ich habe ferngesehen)
water das Wasser
we wir
weekend das Wochenende
 at the weekend am Wochenende
what's 'thank you' in German? wie heißt 'thank you' auf deutsch?
what is? was ist?
when? wann?
where? wo?
white weiß
who is? wer ist?
with mit
without ohne
work arbeiten (*past:* ich habe gearbeitet)
write schreiben (*past:* ich habe geschrieben)

Y

yellow gelb
yesterday gestern
you *friend* du *adult* Sie *group of friends* ihr
young jung
 young people junge Leute

Deutsch im Klassenzimmer

Deutsch–Englisch

anders	different
die Antwort	answer
das Beispiel	example
beschreibe	describe
das Bild	picture
ein Blatt Papier	a sheet of paper
ein Brief	a letter
bring die Wörter in die richtige Reihenfolge	put the words in the right order
die Buchstaben	letters (of the alphabet)
deck die Wörter zu	cover the words
deck ... zu	cover
diskutiert	discuss
erfinde / erfindet	invent(s)
ergänze / ergänzt	complete(s)
falsch	false
für	for
das Heft	exercise book
hör zu	listen
ist der Satz richtig oder falsch?	is the sentence true or false?
jeder	each
kannst du raten?	can you guess?
lange	long
lerne	learn
lest / lies	read
lies den Brief	read the letter
die Listen	lists
oder	or
passt	goes, fits
raten	guess
Rätsel	puzzle(s)
die Reihenfolge	order
richtig	right
der Satz (die Sätze)	sentence(s)
schau ins Glossar	look in the glossary
schreib (die Buchstaben) auf	write (the letters) down
schreib fünf Sätze für jedes Bild auf	write five sentences for each picture
die Schule	school
die Seite	page
sieh dir (die Bilder) an	look at the (pictures)
sprich nach	repeat
übe / übt	practise
die Umfrage	survey
verstehst du ... nicht?	do you not understand?
war es richtig?	was it correct?
was	what
was ist anders?	what is different?
was ist richtig?	what's right?
was passt zusammen?	what goes together?
welcher	which
wer?	who?
wie spricht man ... aus?	how do you pronounce ... ?
wieviel?	how much?
wieviele?	how many?
das Wort (die Wörter)	word(s)
zusammen	together

Englisch–Deutsch

I'm sorry / excuse me	entschuldigen Sie, bitte
I've forgotten my book	ich habe mein Buch vergessen
I've forgotten my exercise book	ich habe mein Heft vergessen
I've forgotten my homework	ich habe meine Hausaufgaben vergessen
I haven't got a pen	ich habe keinen Stift
What is 'fertig' in English?	wie heißt 'fertig' auf Englisch?
I've finished	ich bin fertig
may I go to the toilet?	darf ich auf die Toilette gehen?
where are we?	wo sind wir?
page 40, exercise 3	Seite 40, Übung 3
I don't understand	ich verstehe das nicht
have you got the glue?	hast du mal den Kleber?
have you got a ruler?	hast du mal ein Lineal?
have you got a pencil?	hast du mal einen Bleistift?
have you got a blue pen?	hast du mal einen blauen Stift?
can you lend me a black pen?	leihst du mir einen schwarzen Stift?
can you lend me a sheet of paper?	leihst du mir ein Blatt Papier?
can you lend me a pair of scissors?	leihst du mir eine Schere?
can you lend me a rubber?	leihst du mir einen Radiergummi?
I haven't got a rubber	ich habe keinen Radiergummi

Deutsch im Klassenzimmer: Wiederholung

Schreib richtige Sätze in dein Heft - auf Englisch und auf Deutsch.

Beispiel: 1 Deck **die Bilder** zu. Cover the pictures.
Deck **die Antwort** zu. Cover...

1 Deck [die Bilder / die Reihenfolge / die Antwort / den Satz] zu.
2 Sieh dir [falsch / das Beispiel / Übung 3 / diskutiert / die Listen] an.
3 Lies [die Schule / den Satz / die Wörter / das Bild].
4 Bring die [Sätze / Wörter / zusammen / Buchstaben] in die richtige Reihenfolge.
5 Schreib [die Antwort / das Heft / vier Sätze / fünf Wörter / drei Buchstaben] auf.

Zahlen *(Numbers)*

0 null
1 ein
2 zwei
3 drei
4 vier
5 fünf
6 sechs
7 sieben
8 acht
9 neun
10 zehn

11 elf
12 zwölf
13 dreizehn
14 vierzehn
15 fünfzehn
16 sechzehn
17 siebzehn
18 achtzehn
19 neunzehn
20 zwanzig

21 einundzwanzig
22 zweiundzwanzig
23 dreiundzwanzig
(etc.)
30 dreißig
40 vierzig
50 fünfzig
60 sechzig
70 siebzig
80 achtzig
90 neunzig

100 hundert
101 hunderteins
200 zweihundert
999 neunhundert-neunundneunzig
1000 tausend

Daten *(Dates)*

2 ⟶ 19 am _____**ten**	20 ⟶ am _____**sten**
am zwei**ten** Dezember am neun**ten** Februar am achtzehn**ten** März	am zwanzig**sten** Oktober am einunddreißig**sten** Juli am sechsundzwanzig**sten** Mai

⚠ am **ersten** Mai (1. Mai) am **dritten** Juni (3. Juni) am **siebten** April (7. April)

im Juli **in** July
Berlin, **den** 15. Juli *(at the top of letters)*
Ich habe **am** neunten Juli Geburtstag *my birthday is **on the** 9th of July*

die Monate *(months)*:
Januar, Februar, März, April, Mai, Juni, Juli, August, September, Oktober, November, Dezember

die Tage *(days)*:
Montag, Dienstag, Mittwoch, Donnerstag, Freitag, Samstag, Sonntag

Uhrzeit *(Times)*

	um ein Uhr um dreizehn Uhr	at one o'clock at 13.00
	um zwei Uhr zehn um vierzehn Uhr zehn	at ten past two at 14.10
	um drei Uhr fünfundvierzig um fünfzehn Uhr fünfundvierzig	at three forty-five at 15.45